AF253002

A. ACHARD

JUMEAUX

ET LA BATELLERIE D'ALLIER

Extrait de la *Revue d'Auvergne*, années 1918, 1919
et 1920

CLERMONT-FERRAND

IMPRIMERIES TYPOGRAPHIQUE ET LITHOGRAPHIQUE G. MONT-LOUIS

1920

A. ACHARD

JUMEAUX

ET LA BATELLERIE D'ALLIER

Extrait de la *Revue d'Auvergne*, années 1918, 1919
et 1920

CLERMONT-FERRAND

IMPRIMERIES TYPOGRAPHIQUE ET LITHOGRAPHIQUE G. MONT-LOUIS

—

1920

JUMEAUX

ET LA BATELLERIE D'ALLIER

I. — Gémeaulx.

Origines. — Le Notaire. — Les Habitants. — La Collecte. — Impôts. — La Communauté des Habitants. — Les Communaux. — La Paroisse.

Lorsque, par la ligne ferrée de Clermont à Nîmes qui remonte le cours de l'Allier, le voyageur a traversé le barrage du Saut-du-Loup, limite de la Limagne d'Issoire, il voit s'ouvrir une nouvelle vallée, étroite d'abord entre des montagnes abruptes et dénudées, mais singulièrement vivante le long des cinq kilomètres de la voie qui relie les gares du Saut-du-Loup et de Brassac. La ligne, après avoir franchi l'Alagnon, passe sous le village de Sellamine, les mines de la Combelle, traverse les villages de La Roche, du Théron, de Tansac et laisse de l'autre côté, sur la rive droite de la rivière, les gros bourgs d'Auzat et de Jumeaux.

Alors que la plupart des lieux habités de la région redoutant les incursions de l'Allier, sont prudemment restés à l'abri sur les hauteurs, cette dernière localité descendant de ravins abrupts, n'a pas craint de pousser ses maisons dans la plaine à la rencontre du dangereux voisin, qu'elle eut plus de raisons d'aimer que de craindre, puisqu'elle en a retiré pendant deux siècles richesse et prospérité.

C'est l'histoire de cette époque que je me propose d'es-
quisser, à l'aide des documents trouvés aux archives départementales, dans les archives locales publiques et privées
et grâce aussi aux souvenirs recueillis à la veille de
s'éteindre.

,*.

A la fin du xvi⁰ siècle, époque où les premiers écrits
nous font connaître l'existence de Jumeaux, c'est un petit
hameau ou plutôt la réunion de deux villages *jumeaux*
accrochés à des pentes rocheuses, le long de deux torrents
séparés par le petit monticule du *Pouget* (le petit puy).
Ces deux quartiers : *Les Rochelles* et *Aubette,* s'appelèrent
d'abord « les Gémeaulx », puis « Gimeaux-sur-Allier »
et enfin en 1804, par simple décision administrative,
« Jumeaux », pour distinguer la commune de celle située
dans l'arrondissement de Riom et qui conserva son
ancienne appellation : « Gimeaux ».

Les cartulaires de Brioude et de Sauxillanges qui citent
plusieurs fois les villages les plus infimes de la région, ne
font nulle part mention de Gémeaulx ; il est certain que
le bourg est d'origine récente, son site se prêtant peu
à l'habitation et aux cultures. C'étaient, sur trois côtés,
des pentes escarpées et couvertes de taillis ; d'autre part
une plaine, dite de *la Viale*, que la réunion des deux
ruisseaux transformait en un marécage et exposée, en
outre, aux fréquents débordements de l'Allier (1).

Il semble même que cette situation peu accessible, tant
du côté de la montagne que par la plaine, fut précisément
une des raisons qui détermina les premiers habitants
à y fixer leur établissement ; on en comprendra toute la

____

(1) En 1754, les communications entre Jumeaux et Vezezoux étaient
encore précaires, par le chemin dit du « Chambeau » longeant l'Allier.
La rivière emportant fréquemment ce chemin, pour le rendre praticable
et permanent, on dut alors le déplacer et lui tailler une assiette dans
les rochers de la rive. (*Arch. départ.* C. 6418).

valeur en lisant la relation d'un événement que le premier
notaire de Gémeaulx consigna au dos d'un acte de son
ministère. Un dimanche du mois de juillet 1598, comme
les habitants des paroisses d'Auzat (dont Gemeaux faisait
alors partie), Mailhat et Saint-Martin (d'Ollières), s'étaient
rendus, au nombre de 381, au « Rommérage » de la
Sainte-Trinité à Vieille-Brioude, une bande de soldats,
sous la conduite d'un certain capitaine Long, s'empara
à Auzat de la maison de Mre Sadourny, sieur de Parentignat, riche marchand, où les habitants avaient déposé
leurs objets les plus précieux ; la pilla, ainsi que les autres
maisons du bourg, emportant jusqu'aux meubles.

Un autre intérêt non moins puissant favorisa encore le
peuplement de cette région d'aspect si peu accueillant.
Le territoire de Gémeaulx étant à la limite mal définie de
plusieurs seigneuries, semblait n'appartenir à personne et
plusieurs paysans purent y défricher le sol sans crainte
de se voir dépouiller ensuite par un seigneur rapace : un
grand nombre de parcelles n'y payèrent jamais de cens
ou redevance féodale, et c'est fréquemment sur les actes
de mutation que l'on voit figurer la mention : « Cette
propriété n'a jamais payé de cens », ou : « On en ignore
la mouvance » (1). Enfin, d'immenses territoires incultes
ou boisés furent laissés à la disposition des habitants,
sans que jamais personne n'eût songé à les troubler dans
la jouissance de ces *communaux*. Il est vrai que les seigneurs du voisinage étaient tous de minime importance ;
aucun d'eux ne pouvait être tenté d'enfreindre les défenses
royales et d'imiter ces puissants qui, en plein xviie siècle,
au mépris de la protection gouvernementale, par violence
ou par fraude, dépouillaient les communautés d'habitants
de terres vaines sur lesquelles ils ne pouvaient cependant
justifier d'aucun droit (2).

(1) Les notaires étaient tenus d'indiquer la mouvance des biens dont
ls constataient la mutation.
(2) LATRUFFE. *Droit des Communes*. I. pp. 57, 59, 90.

En ce qui concerne les propriétés soumises aux redevances féodales, il est curieux de constater le nombre et l'enchevêtrement des seigneuries qui y percevaient des cens. Le seigneur d'Auzat, justicier de la plus grande partie du village (1), occupait naturellement le premier rang ; puis venaient, par ordre d'importance : les religieuses d'Esteil, de l'ordre de Fontevrault (2), le seigneur d'Auzon, le chapitre des chanoines de Saint-Laurent de cette ville, les seigneurs de Brassac, de Bansat, de Babory, de Beaulieu, le chapitre des chanoines de Saint-Julien de Brioude, la communauté des prêtres de Mailhat, la luminaire d'Auzat.

En 1594, Gémeaulx était une petite agglomération déjà prospère et cependant uniquement peuplée de laboureurs, vignerons, tisserands ; le commerce et l'industrie y étaient représentés par quelques hostes ou cabaretiers, un tailleur d'habits, un maréchal, un cadissier.

Les localités voisines, Brassac, Auzat, Mailhat, La Monge, pouvaient s'enorgueillir de compter parmi leurs habitants des nobles, des bourgeois, des marchands, des hommes de loi et des artisans ; mais il est douteux que leurs paysans aient été plus heureux que ceux de Gemeaulx, dont la médiocrité cachait peut-être une réelle aisance pour l'époque. Le sol y était infiniment morcelé et les parcelles de peu d'étendue : un pré qui « faisait deux barrotées » de foin était un grand pré, et les champs, qui ne dépassaient pas deux *cartonnées* de surface, se mesuraient plutôt par *coupées* (3) ; mais tous ses habitants étaient propriétaires et, sur ce sol neuf et fertile, on récol-

----

(1) Quelques maisons du quartier d'Aubette dépendaient de la justice d'Auzon, comme le prouve une transaction notariée de 1705.

(2) Voir sur ce couvent une étude de M. JALOUSTRE (à la Bibliothèque de Clermont).

(3) La cartonnée était la surface de terrain que l'on pouvait ensemencer avec un *carton* (double décalitre environ) ; la coupe (d'où la coupée) était le quart du carton. La surface de la cartonnée variait beaucoup d'une localité à l'autre, en raison précisément du plus ou moins de fertilité du sol.

tait avec peu de peine blés, chanvres, fèves, vin, fruits.
L'huile de noix y était particulièrement abondante et les
« nugeyrades » de Jumeaux excitaient les convoitises des
enfants de Brassac, où les noyers étaient rares et qui,
traversant la rivière à gué ou à la nage, venaient souvent
marauder en face : d'où batailles terribles lorsqu'ils étaient
surpris par ceux de Jumeaux. Un vieux marinier m'a
affirmé qu'il fallait voir dans ces pratiques, longuement
perpétuées, l'origine de l'antipathie qui a régné jusqu'en
ces dernières années entre la jeunesse des deux localités.

Cette prospérité avait aussi attiré un notaire de Nonette (1), qui, après être venu régulièrement à Gémeaulx
pendant plusieurs années y passer des actes chez les clients
ou chez un « hoste », se décida enfin, vers les derniers
mois de l'année 1600, à y transférer définitivement sa
boutique (2). Bien que sa clientèle resta toujours limitée
aux habitants de Gémeaulx, Esteil et Vezezoux, en raison
de la concurrence de confrères établis à La Monge,
Auzat, Brassac, Sainte-Florine, Auzon, on voit grossir
chaque année le nombre de ses actes, signe évident d'une
fortune locale grandissante; mais ce qui prouve encore
mieux cette prospérité, c'est de lire au pied de ces actes
les signatures bien tracées de bon nombre de simples
laboureurs. Dès 1610, en effet, on constate à Gémeaulx la
présence d'un maitre d'école, rétribué par la « communauté » des habitants. Se trouvait-il à cette époque,
beaucoup d'agglomérations purement rurales, de quelques
centaines d'âmes, capables de s'offrir un pareil luxe?

Vers le milieu du xviie siècle, Gimeaux commença à se
peupler de charpentiers et à se livrer à l'industrie qui
devait l'amener au plus haut point de prospérité. Nous
verrons comment la découverte et l'exploitation des mines

---

(1) La paroisse d'Auzat dépendait primitivement de la seigneurie de
Nonette ; elle en fut distraite pour former une petite justice.

(2) C'est seulement vers le milieu du xviie siècle que les cabinets des
notaires prirent le nom d'*études*.

de houille du bassin, assura à Jumeaux le monopole presque exclusif de la construction des bateaux. Sa population ne cesse de croître à dater de cette époque : En 1694 on y compte 10 hostes ou cabaretiers (1) ; en 1774, 809 habitants (407 du sexe masculin et 402 du sexe féminin) (2) ; un recensement opéré en 1796, donne 1.087 habitants (210 hommes mariés ou veufs, 305 garçons, 232 femmes ou veuves, 340 filles) ; celui de 1817, 1.411 habitants ; la population passa ensuite à 1.486 habitants en 1830, 1.846 en 1840, 1.712 en 1850, 1.305 en 1860, 1.308 en 1880, 1.216 en 1890 ; elle est aujourd'hui tombée à 1.090 (3).

Les villages jumeaux sont descendus dans la plaine et se sont soudés, formant un quartier nouveau *autour de la place,* lieu habituel des réunions d'habitants. C'est sur cette place que se trouvait le four commun. Dans la direction du nord, un autre quartier dit *le Cros,* commençait à s'ébaucher dès 1651 par la construction d'une maison à deux étages « avec galerie au devant de la porte et ouche » ; il devait s'étendre jusqu'à l'église actuelle. Les maisons gravissent la côte du *Pouget* et l'assainissement progressif du *Pré de la Viale* permettra la création du quartier de la *Pireyre,* et plus tard, après la Révolution, de la place de la *Virade.*

Les minutes notariales comprennent un assez grand nombre de traités entre des propriétaires de Gimeaux et des maîtres maçons (étrangers le plus souvent), pour la construction de maisons : d'autre part, les inventaires nous font connaître que la plupart des bâtiments, ceux du moins servant à l'habitation, sont construits à chaux et sable, couverts de tuiles creuses, et sur un plan à peu

----

(1) Archives départementales, série C ; 5002.

(2) Archives départementales, série C ; 1472.

(3) Encore faut-il remarquer que dans ce dernier chiffre figurent plus de 400 personnes, ouvriers mineurs et leurs familles, étrangers récemment implantés dans le pays.

près uniforme. Le rez-de-chaussée voûté est consacré à la cave, cuvage, écurie ; le premier étage, auquel on accède par un escalier en pierre et une galerie couverte, se compose de la cuisine ou salle commune, d'une ou plusieurs chambres et du *charnier*, à l'exposition du nord. Un grenier ou galetas surmonte le tout. Les intérieurs s'y montrent plus confortables que dans les maisons paysannes de la région, même à la veille de la Révolution, et le mobilier se rapproche plutôt de celui des petits bourgeois de campagne et peut se comparer à celui des artisans de petites villes (1). Pas un inventaire ou contrat de mariage qui ne relate, même dans les plus humbles ménages la possession d'un lit de noyer « garni de coëtte et cuissin », plus souvent de plume que de « basle », avec ses « linceuls » de toile de ménage, sa « couverte de layne de Catalogne » et ses courtines en toile ou en serge, un coffre en noyer ou en chêne « fermant à clef », contenant des linceuls, nappes et serviettes et un trousseau souvent assez important. En 1642, la fille d'un laboureur apporte en ménage 18 linceuls de toile, une robe de serge et une de toile, une brebis, une chèvre et une truie. La fille d'un ouvrier charpentier se constitue en dot, en 1678, six-vingt livres argent et 4 cartonnées de champs en plusieurs parcelles. L'inventaire du mobilier d'un simple tailleur d'habits, en 1680, nous fait pénétrer dans un intérieur vraiment bourgeois. La maison a plusieurs pièces servant à l'habitation ; les lits y sont en « menuizerie » et garnis de « rideaux et garde-joues » en serge ou en toile teinte, de coëttes de plume pesant 40 livres et de « couvertes » de laine de la « taille de 4 livres ». Dans la salle commune, on remarque : une table de noyer à deux « layettes », une chaise à bras en noyer, un meuble en cerisier « à deux armoires et deux layettes » contenant assiettes, plats,

______

(1) Cette opinion est confirmée par la lecture d'archives notariales de Sauxillanges, Sugères, Jumeaux et Usson.

écuelles, tasses, salières, chopines, le tout en étain ; sur la
cheminée des chandeliers de laiton, des lanternes, lampes,
fusil garni de sa platine ; sous la cheminée, les laudiers,
crémaillères, pelles, poëlons, pots, écumoires en fer,
chaudrons et chauffe-lits en airain rouge, crochet à peser.
Dans de nombreux coffres en sapin ou noyer, les linges,
vêtements, linceuls, nappes, serviettes, et enfin comme
outils de sa profession, 4 paires de ciseaux et un carreau.
Dans le charnier, la provision de porc salé, de la laine, du
chanvre non encore filés, des « melards » à contenir
l'huile. Dans la cave et le cuvage : cuves, tonneaux,
bacholles et 20 pots de vin. Au grenier, dans des coffres,
du froment, de l'orge, des fèves, du chanvre non peigné.
A l'écurie, un cheval et son bât, 4 brebis, 3 agneaux,
2 chèvres et un porc. La vaisselle d'étain n'était pas,
comme ailleurs, presque exclusivement réservée aux bourgeois, et chez tous les laboureurs, on trouve au moins
quelques assiettes, écuelles à boire et cuillères de ce
métal. Au xviiie siècle, beaucoup de charpentiers et mariniers possédaient même une tasse plate en argent avec
leur nom inscrit, sur laquelle le fils faisait ensuite graver
le sien et qui se transmettait ainsi comme un véritable
trésor de famille. Mais alors, Gimeaux est devenu un petit
centre animé, et à côté des laboureurs, vignerons, tisserands, charpentiers et mariniers, on voit défiler chez le
notaire : hostes, cabaretiers, huiliers, bouchers, tailleurs,
cordonniers, boulangers, maréchaux, marchands, maître
d'école et même un chirurgien. Les seuls employés du
pouvoir qu'on y connut jamais, furent ceux de la brigade
des gabelles, transférée de Brassac à Gimeaux, au début
du xviiie siècle. En 1720, l'un d'eux était originaire de
Gimeaux où il avait un frère boulanger.

Gimeaux-sur-Allier, simple hameau de la paroisse
d'Auzat, avait néanmoins des intérêts distincts et une vie
communale tout à fait indépendante, bien que ses habitants fussent astreints à se rendre au chef-lieu pour y

remplir leurs devoirs religieux, à contribuer en commun aux frais du culte, à inhumer leurs morts au cimetière paroissial, et enfin à supporter, avec le reste de la paroisse, la taille et autres impôts royaux. Dès le début du xviiie siècle, tous les efforts de ses habitants tendirent à se détacher d'Auzat et à faire ériger leur village en paroisse indépendante. Tout d'abord, ils obtinrent en 1728 de former une *collecte* (1) distincte, malgré les protestations d'Auzat, qui, il faut l'avouer, ne manquaient pas de bases sérieuses, car Gimeaux retirait de cette rupture de réels avantages. En effet, tandis que dans le reste de la paroisse d'Auzat, d'importantes propriétés étaient affranchies de l'impôt comme appartenant à des privilégiés : les nobles, M. des Roys, seigneur d'Auzat et M. de Seveyrac, seigneur d'Orsonnette, qui habitaient tous deux Auzat, le couvent des dames d'Esteil et le curé d'Auzat; dans la collecte de Gimeaux, pas une toise de terrain n'échappait à la répartition de l'impôt. Beaucoup de ses habitants possédaient, en outre, des parcelles sur le territoire d'Auzat, sans réciprocité en faveur de cette dernière localité (2). Pendant de longues années, les consuls d'Auzat continuèrent à faire figurer sur leurs rôles d'imposition les habitants de Gimeaux, malgré les protestations de ces derniers, régulièrement prises en considération par l'Intendant de la province qui, dix ans plus tard, en 1737 était encore obligé d'interdire formellement cette pratique abusive (3). On peut comprendre pourquoi, malgré le taux élevé des impositions royales qui, pendant le xviiie siècle oscilla de 3.500 à 5.000 livres par an pour la collecte de Gimeaux, ses habitants ont pu être jalousés par tous leurs voisins. Chez eux on ne trouvait aucun pri-

---

(1) La taille et autres impôts royaux étaient chaque année répartis par *collectes* ; le contingent de chaque collecte était ensuite divisé entre les contribuables, par des collecteurs élus par eux et parmi eux, chargés en même temps de la perception.

(2) Acte Cathol, notaire à Usson, du 27 déc. 1728.

(3) Arch. départ., série C, n° 2882.

vilégié ni exempt, et le nombre des indigents y était à peu près nul. Bien mieux, la *collecte*, cette charge si lourde de l'ancien régime, cause de ruine pour la plupart des contribuables aisés qui y étaient contraints, ne pouvait inspirer la terreur à ceux de Gimeaux, qui d'ailleurs, y étaient tous ou presque tous assujettis : En 1737, huit chefs de famille seulement en furent dispensés, dont deux comme septuagénaires, deux veuves, deux orphelins mineurs et deux valides indigents (1).

Les rôles annuels des impositions étaient établis à Gimeaux-sur-Allier avec le plus grand soin et celles-ci étaient exactement proportionnées aux revenus des individus : l'analyse de quelques-uns, pris au hasard, à différentes époques, nous renseignera sur la situation économique de la collecte.

En 1743, 138 chefs de famille, la plupart charpentiers à bateaux et cultivateurs, sont compris au rôle; les cultures se répartissent comme suit:

D'abord, quelques jardins et vergers, puis 246 cartonnées 1/6 de chenevières, d'un revenu réel de 22 sols 6 deniers la cartonnée ;

72 septérées 3/4 de terres, à 45 sols la septérée ;

692 œuvres de vignes, à 12 sols l'unité ;

18 journaux 1/3 de prés, à 4 livres 10 sols.

Les 19/20 de ces biens sont cultivés par leurs propriétaires et 1/20 par colons. Il y a 69 vaches, 347 brebis, 80 cochons ou chèvres, 10 bourriques et un cheval dans le village. En outre, 10 habitants de Gimeaux sont imposés à Auzat, pour leurs biens dans cette collecte.

Le rôle de 1750 est plus détaillé :

85 cotes d'industrie sont imposées, qui représentent un revenu total de 5.070 livres 10 sols.

---

(1) La *collecte* désignait aussi l'obligation à laquelle étaient soumis les contribuables élus à tour de rôle par l'assemblée des habitants, pour la répartition et le recouvrement des impôts à leurs risques et périls. Outre les privilèges exemptant de l'imposition, les professions libérales dispensaient encore de la collecte.

Le fermier des dîmes, pour un revenu de 262 liv. 10 s. ;

105 maisons habitées par leurs propriétaires, revenu total : 1.457 livres ;

258 cart. 1/4 chenevières, à 5 livres 10 sols de revenu ;

67 septérées 4 cart. 3 coupées terres. à 11 liv. la septérée ;

737 œuvres de vignes, à 3 livres l'œuvre ;

17 journaux 3/4 de pré, à 22 livres ;

67 vaches, 332 brebis, 78 chèvres, 12 truies, 9 bourriques et 1 cheval.

Le plus riche propriétaire possède une maison avec grange, écurie, colombier (1), 2 cartonnées de chenevière, 12 cartonnées de terres, 10 œuvres de vignes, 1 journal de pré, 2 vaches, 10 brebis, une chèvre et une truie ; le plus pauvre a sa maison, 1/2 cartonnée de chenevière, 2 œuvres de vigne et 1 chèvre.

Enfin, en 1786, à la veille de la Révolution, Gimeaux renferme un millier d'habitants, dont 203 chefs de famille imposés, sans un privilégié et sans une cote de domestique. Les impôts, dont le contingent s'élève à 4.892 liv. 9 sols 8 deniers, sont répartis ainsi qu'il suit :

I. — Sur les revenus autres que ceux provenant des biens-fonds, au taux de 10 % :

86 taxes d'industrie, d'un revenu de 6.320 livres ;

11 taxes sur les revenus et facultés, s'élevant à 394 liv.

1 taxe sur le fermier des dîmes, revenu : 240 livres.

II. — Le surplus, soit 4.197 liv. 5 s. 8 d., est réparti sur les biens fonciers, proportionnellement aux revenus, ainsi fixés :

110 maisons de propriétaires, d'un revenu de 1.415 liv. ;

253 cartonnées 3/4 de chenevières, à 5 liv. 10 sols ;

70 septérées 3 cart. terres, à 11 livres ;

774 œuvres de vignes, à 3 livres ;

____

(1) Dans la plupart des provinces, sous l'ancien régime, le droit de colombier était un privilège féodal. En Auvergne, au contraire, « tout vigneron, tout laboureur a un colombier ». (Assemblée Constituante Séance du 6 août 1789. — *Le Moniteur* n° 36.)

19 journaux 3/4 prés, à 22 liv. 10 sols ;

1 septérée jardins plantés d'arbres fruitiers, 23 liv.

Tous les imposés le sont comme propriétaires cultivants, à l'exception de 10, qui le sont à titre de colons. Ceux-ci cultivent 13 cartonnées 3/4 de chenevières, 2 septérées de terres, 40 œuvres de vignes et 3/4 de journal de prés. Les bestiaux payent :

2	bœufs,	à raison de	20 sols chaque ;	
60	vaches,	—	30	—
332	brebis,	—	2	—
12	truies,	—	10	—
74	chèvres,	—	5	—
8	bourriques,	—	15	—
1	cheval,	—	20	— (1)

En l'an II de la République, vingt personnes sont inscrites au « Livre de la Bienfaisance », dont 3 sont âgées de plus de 80 ans, 5 de plus de 70 ans, 5 de plus de 60 ans et 7 infirmes ou indigents.

Nous avons vu combien semblait réduite pour Gimeaux la charge féodale, la plus lourde de l'ancien régime : *le cens*, ou redevance annuelle en argent et en nature, payable et partable du domicile du seigneur, imposée sur tous les territoires relevant de sa « mouvance », avec son corollaire obligé, le droit de *lod* et *vente*, perçu à l'occasion de la transmission de ces mêmes héritages par vente ou échange. A Nonette (dont Gimeaux avait autrefois dépendu), ce droit était du sixième du prix de la vente : il représentait la ratification donnée au contrat par le seigneur, propriétaire primitif. Il est évident que les parcelles qui ne payaient aucun cens échappaient également à ce droit. Il est certain aussi que les habitants de Gimeaux durent aller moudre leur blé au moulin du seigneur, mais ils pouvaient librement cuire leur pain au four communal,

<hr>

(1) *Archives départ.*, série C. — Rôles des tailles classés par années, nᵒˢ 2852 et suivants.

privilège dont la *communauté* avait le libre exercice, moyennant le paiement d'une redevance annuelle de un setier d'avoine à la directe de Babory. Comme à Nonette, aussi, ils étaient dans l'obligation de porter le marc de leur vendange au pressoir seigneurial, et s'ils voulaient passer l'Allier aux bacs d'Auzon, de Brassac ou de Nonette, c'était moyennant une rétribution comprenant le salaire du batelier et aussi la redevance au seigneur du lieu, propriétaire du bac, et qui seul avait le droit d'en établir. Ce n'est pas avant 1817 que les habitants de Jumeaux purent se rendre sur leur territoire de la *Vachère*, sur la rive gauche de l'Allier, au moyen d'un bac créé par la commune, en vertu d'une autorisation préfectorale remontant au 8 août 1810.

Pour les raisons que l'on sait, les habitants de Gimeaux échappèrent certainement à un grand nombre de ces innombrables droits féodaux, dont les uns étaient onéreux, d'autres simplement vexatoires : l'esprit chicanier de nos aïeux, sans redouter les procès, profitait de toutes les occasions pour s'y soustraire, ou tout au moins, pour les amoindrir. La paroisse d'Auzat tout entière, devait aux religieuses d'Esteil et aux chanoines d'Auzon une *dîme* (1) sur le produit des chenevières ; cependant, chaque cultivateur bénéficiait comme on le dirait aujourd'hui, d'un dégrèvement sur une *cartellée* de terrain et comme cette contenance produisait communément 240 poignées de chanvre, l'usage s'était établi, pour faciliter la perception, de ne prélever la dîme qu'après que les 240 premières poignées avaient été mises de côté. Mais peu à peu et d'année en année, comme les poignées de chanvre devenaient de plus en plus grosses, les décimateurs lésés réclamèrent en justice l'exécution des conventions primitives, c'est-à-dire l'exemption de la dîme non

____

(1) Prélèvement de la dixième ou plutôt de la onzième partie de la récolte.

sur 240 énormes poignées de chanvre, mais sur le produit
exact d'une cartellée de chenevière par famille. Les habitants discutèrent, ergotèrent et durent enfin céder et
reconnaître leurs torts par une transaction passée devant
Mᵉ Dalbine, notaire à Gimeaux, le 25 janvier 1640.
Cent ans plus tard, même tentative des redevables
arrêtée par un procès qui se continua devant la séné-
chaussée de Riom. Sentant de nouveau leur cause perdue,
ils se soumirent par une nouvelle transaction passée le
8 juillet 1758, en la même étude. Tous les produits du
sol supportaient la dîme, d'autant plus onéreuse que sa
perception en était affermée : les religieuses d'Esteil
possédaient la dîme des grains et vin, dite de *Trey-
neyraire* sur certains territoires de Gimeaux, qu'elles
affermèrent en 1750 au prix de 51 livres et 2 paires de
poulets. Les autres dîmes avaient le curé d'Auzat pour
bénéficiaire ; celle du vin et du grain qui se récoltaient
sur le surplus de la collecte et sur la *Vachère* et *Alleret,*
se louaient généralement pour trois ans, à des prix annuels
variant de 410 à 480 livres. Le curé se réservait la dîme
de la *layne* qu'il recouvrait directement et en nature, au
moment de la tonte des brebis.

La perception de la dîme du vin, que l'on aurait dû plus
exactement appeler dîme de la vendange, a donné nais-
sance à une pratique d'un usage courant dans les vignobles
d'Auvergne : *le ban des vendanges.* Dès que l'état de
maturité du raisin le permettait, l'assemblée des habitants
fixait le jour où chaque terroir devait être récolté; le
décimateur ou son fermier prévenu, s'y rendait et
prélevait une bacholle sur onze de la récolte. Cependant
les convenances du décimateur faisaient loi pour la fixation du ban et les vignerons devaient s'y conformer.

D'autres motifs, plus intéressants, ont fait, après l'abolition des droits féodaux, maintenir jusqu'à notre époque
ce règlement des vendanges : obliger les vignerons impa-
tients à attendre la complète maturité et surtout prévenir

les rapines qui n'auraient pas manqué de se commettre, en raison du morcellement et de l'enchevêtrement des parcelles ; d'ailleurs, une garde vigilante, fournie par les intéressés eux-mêmes, fut de tous temps établie de jour et de nuit, pour surveiller la récolte, à partir de l'instant où celle-ci pouvait tenter les maraudeurs. Les sanctions étaient sévères, non seulement contre les voleurs, mais encore (et c'est tout un) contre les violateurs du règlement établi : la garde nationale de Gimeaux saisit le 25 octobre 1789, trois bacholles pleines et deux bacholles vides à un propriétaire trop pressé, les vendit aux enchères et le produit fut versé moitié au curé d'Auzat, décimateur, moitié au syndic, pour la caisse de la communauté. Un arrêté municipal de l'an III punissait l'inobservation du règlement du ban d'une peine variant de 50 livres d'amende à trois journées de détention. Invariablement, — et l'exposition des territoires en avait ainsi décidé, — le ban fut fixé à Jumeaux dans l'ordre suivant : le premier jour, *la Vachère;* le second, le *Chassey*, la *Mailhe* et le *Piboux;* le troisième, le *Pouget*, le *Montel* et le *Cros;* le quatrième, la *Ribeyre* et *Garde-Grosse;* le cinquième, les *Devants*, le *Marthuret*, la *Chaux;* le sixième, le *Champ-Redon*, les *Vignes-Grandes*, le *Pan du Grellet*, les *Rognons*. Longtemps le ban des vendanges fut réglé par les habitants eux-mêmes, réunis en assemblée générale ; ce fut à partir de 1801 seulement que la municipalité arrêta ce règlement.

*
* *

Sous l'ancien régime, chaque paroisse ou même chaque agglomération indépendante, comme l'était Gimeaux, avait une sorte d'autonomie communale. Les chefs de famille se rassemblaient pour nommer les collecteurs de l'impôt, les marguillers, pour gérer et défendre leurs intérêts collectifs ; ces réunions étaient présidées par le

seigneur ou le plus souvent par son représentant le *bailli*,
assisté du *procureur fiscal* de la justice et du curé. On
conçoit que l'indépendance de ces assemblées laissait fort
à désirer. A Gimeaux, au contraire, rien de pareil et les
habitants pouvaient discuter librement de leurs affaires,
sous la présidence du *syndic* qu'ils se choisissaient parmi
eux. Le curé, lorsqu'ils en eurent un, n'y exerça aucune
pression, n'étant lui-même le délégué d'aucune autorité,
mais simplement le salarié de la collectivité locale. Les
réunions avaient lieu le dimanche, sur la place, devant le
four communal, toutes les fois que le syndic jugeait utile
de les provoquer ; les convocations étaient faites à son de
trompe, puis à son de cloche et après annonce au prône
de la messe dominicale, lorsque le bourg eut été érigé en
paroisse. Le notaire y assistait en qualité de secrétaire,
pour en dresser acte conservé au rang de ses minutes. Il
est donc possible, malgré le laconisme de ces comptes
rendus, se bornant le plus souvent, après l'énumération
des habitants présents, à constater l'approbation des
comptes et de la gestion du syndic, sans les détailler,
de suivre le développement et de noter les manifestations
de l'autonomie communale, qui à Gimeaux furent intéressants, grâce à l'importance réelle des ressources de la
communauté. Ces ressources étaient dues à l'étendue des
communaux et aux produits élevés que les habitants
d'une part, la collectivité ensuite, en retiraient.

Les communaux avaient, pendant le moyen âge, constitué la fortune des villageois ; malheureusement, la rapacité des seigneurs qui les empiétaient et la mauvaise
gestion des bénéficiaires qui les aliénaient sans mesure et
sans discernement, les avaient bien diminués au XVIe
siècle. A cette époque, l'origine récente de Gimeaux lui
permit de jouir encore d'un domaine public intact ; mais
là, comme ailleurs, les mauvaises gestions, puis l'hostilité
des économistes du XVIIIe siècle et des hommes de la
Révolution pour la propriété collective, s'accordaient trop

avec les aspirations privées, pour que la ruine n'en fût
pas irrémédiablement consommée. Lorsque les lois du
21 prairial an IV et 2 prairial an V interdirent le partage
des communaux, elles venaient trop tard à Gimeaux, où
il n'en restait plus une toise susceptible de culture.

Une déclaration des habitants nous fait connaître que
la propriété des communaux de Gimeaux ne résulte d'aucun titre, mais d'une possession immémoriale, jamais
contestée. Nous n'en connaissons pas l'étendue primitive,
qui fut considérable et comprenait notamment des bois-
taillis de chêne d'une belle venue, dont les coupes annuelles
procuraient au village le bois de chauffage et de beaux
bénéfices par la vente de l'écorce aux tanneurs de Brioude
et de Sauxillanges. Une délibération du 8 décembre 1722,
décide que pour mettre un terme aux dépradations com-
mises dans les bois par les chèvres qu'on y fait pacager
et appartenant aux nombreux étrangers que l'industrie de
la batellerie a attirés à Gimeaux, d'imposer une amende
de 3 livres et la confiscation des chèvres qui y seront
trouvées. On interdit également aux vaches d'aller dans
le bois, sous peine de 10 sols d'amende par tête de bétail.
En 1775 (délib. du 26 février), toujours pour parer aux
dommages et empêcher les vols dans ce qui reste du taillis
communal, conservé pour fournir le bois de chauffage du
four (1) et aussi pour garder les propriétés privées, on
nomme un *garde-messier*, au traitement annuel de
30 livres et le bénéfice des prises; les amendes sont
fixées à 3 livres par troupeau de moutons, 1 sol par
brebis isolée, 10 sols par chèvre qui sera en outre con-
fisquée.

---

(1) Le four communal ne suffisait pas, avant la Révolution, à assurer
la cuisson du pain pour tout le village. Le 27 juillet 1789, Aubergier
construisit un four dans sa maison, au quartier de la Place, et le loua
pour 9 ans à un maître boulanger, au prix de 80 livres par an, plus
l'obligation de cuire le pain, la viande et les légumes de la consommation du bailleur, à la charge par celui-ci, « ainsi qu'il est d'usage », de
fournir le bois.

Au fur et à mesure de l'accroissement de la population de Gimeaux, le défrichement des bois se poursuivait, assurant la subsistance à ses nouveaux habitants, en même temps que des ressources importantes à la communauté. Les défricheurs payaient en effet à celle-ci une redevance annuelle du cinquième de la récolte, modérée plus tard au sixième, à la veille de la Révolution; chaque année, la perception en était affermée par « étrousse » (1) et faisait entrer dans la caisse commune un produit net, qui, de 49 setiers de seigle et 3 setiers d'avoine en 1771, passa à 57 setiers 4 cartons seigle et 14 setiers avoine en 1793. Les plus forts défrichements se produisirent et s'achevèrent dans la seconde moitié du xviiie siècle : ceux opérés dans la seule collecte de Gimeaux en 1766, produisirent au curé d'Auzat une augmentation de dîme de 13 setiers de seigle et il restait encore 500 septérées de terres communales susceptibles de défrichement.

Ces ressources et celles provenant de la location des « nugeyrades » communales, avaient permis aux habitants de Gimeaux de construire dans leur village une chapelle dédiée à saint Abdon, où, dès 1630 — et peut-être avant — un vicaire d'Auzat venait célébrer 12 messes par an, plus une grand'messe avec procession « pour la conservation des biens de la terre », le jour du saint patron, le tout aux frais de la communauté. La population de Gimeaux, qui était très pieuse, édifia encore au xviiie siècle, grâce à ses ressources patrimoniales, une autre chapelle plus importante que la première, dédiée à N.-D. du Bon-Secours, sur l'emplacement de l'église actuelle. Soixante fondations, représentant un casuel de plus de 200 livres par an, y furent faites par des particuliers.

Enfin, vint un jour où, fatigués et humiliés d'avoir à se rendre à l'église d'Auzat pour assister aux offices

____

(1) Adjudication publique.

religieux et à inhumer leurs morts dans le cimetière paroissial, les habitants de Gimeaux purent satisfaire leur ambition de faire ériger leur village en paroisse indépendante.
Ce fut chose facile et les ressources ne manquèrent pas
pour assumer les charges de cette fondation. Il faut croire
qu'elles furent aussi judicieusement employées à trouver
des protecteurs pour obtenir rapidement la faveur, car
les démarches commencées en janvier 1767 par la pré-
sentation d'une requête à l'évêque de Clermont, abou-
tirent le 9 mai de la même année au décret épiscopal d'é-
rection de la cure, confirmé par lettres patentes de S. M.
de janvier 1768, registrées au Parlement le 3 mai 1768.
Aucun obstacle sérieux ne pouvait d'ailleurs s'élever :
la cure d'Auzat étant à la nomination de l'évêque de
Clermont, ce dernier avait toute faculté d'en effectuer le
dédoublement. Quant au curé d'Auzat lui-même, aucun
casuel, aucune fondation, aucune rente directe ne fut dis-
trait de son bénéfice. Sur les 1.920 livres des produits
annuels de sa *dîme*, et dans lesquels Gimeaux à lui seul
contribuait pour plus de 600 livres, il dut simplement
verser à son nouveau confrère un portion congrue de
300 livres par an, conservant le surplus, avec ses accrois-
sements probables. Il lui restait encore un revenu tel
« qu'aucun curé des environs n'en a de pareil ». Aucune
difficulté ne pouvait s'élever pour la fixation des limites
de la nouvelle paroisse, proposées par une délibération du
26 avril 1767. Elles étaient d'ailleurs parfaitement établies
depuis longtemps et sont exactement celles de la commune
actuelle créée à la Révolution.

La chapelle de Notre-Dame, agrandie, devint l'église
paroissiale (dont une partie subsiste encore) ; elle fut terminée en 1769, à l'exception du clocher, achevé peu après,
et le cimetière fut aménagé dans le terrain communal
qui l'entourait. En même temps, les consuls avaient com-
mandé en toute hâte, à un fondeur de Brioude, une cloche
qui ne se trouva pas au goût des habitants et dont ils

refusèrent de prendre livraison. Il ne fallut rien moins
qu'une condamnation, au siège présidial de Riom, pour
les obliger à en payer le prix convenu (1). Le presbytère,
achevé en 1771, fut construit sur le terrain communal du
Pra de la Viale, au terroir de la *Pireyre*. Cet ancien
marécage avait été assaini par une grande rase transversale
et comprenait alors, en sus de l'emplacement du pres--
bytère et de son jardin attenant, un grand terrain planté
de noyers, sous lesquels les montagnards déposaient les
bois de construction nécessaires à la batellerie. C'est cette
place qui prit plus tard, vers 1805, le nom de *Virade*, en
souvenir des danses et virades auxquelles venait s'y livrer
la jeunesse ; il y a moins d'un demi-siècle, la *Virade*
était encore encombrée de courbes et planches étagées
à côté de piles d'échalas.

Un sonneur fut désigné, au salaire annuel de 24 livres,
pour sonner l'*Angelus*, la messe et « lorsque le temps
menacera le tonnerre et la grêle ». Il avait droit, en
outre, pour chaque sonnerie d'office ou d'enterrement,
à 5 sols de rétribution de la part des particuliers (2).
Enfin, pour s'affranchir de la charge de fournir au culte
l'huile des lampes, les habitants abandonnèrent au curé
le produit des « nugeyrades » communales, produit que
nous connaissons par les adjudications publiques annuelles
qui en furent faites à partir de 1791 et qui continue néanmoins à être versé pour le service du culte : il s'élevait
à une moyenne de 30 livres d'huile. La *Fabrique* n'exis-
tait pas, n'ayant aucun revenu ; les fondations pieuses
étaient touchées directement par le curé, et la communauté assumait toutes les charges de l'église, qui se bor-
nèrent à l'entretien des bâtiments, car, pour s'affranchir
de la fourniture des saintes huiles, hosties, vin de messe,
blanchissage des linges, achat de papiers timbrés pour la

---

(1) Délibération du 25 juin 1769.
(2) Délibér. du 26 février 1775.

enue des registres de baptême, mariage et sépulture,
dont la rédaction incombait au curé, les habitants trai-
tèrent avec ce dernier, qui s'en chargea complètement,
moyennant l'abandon, à son profit, de la jouissance d'une
cartonnée de terrain, au pré de la Viale, à la suite de son
jardin et de l'autre côté de la rase d'assainissement. En
outre, il tint quitte les habitants de la fondation annuelle
de 10 livres, pour les messes et la procession de la chapelle de saint Abdon, qu'il continua néanmoins à célébrer.

Cependant le défrichement continu des bois communaux, bien que livrant à la culture d'excellents terrains
vignobles, devait avoir des conséquences fâcheuses dont
Gimeaux ne tarda pas à ressentir les effets: En 1780, un
violent orage entraîne les terres des côtes dénudées dans
les ruisseaux et les fit déborder : celui de la Place, en
particulier, ravagea les deux quartiers du Pra de la Viale
et de l'Eglise (1). C'est à la suite de cette inondation et
pour parer aux accidents désormais fréquents depuis les
déboisements, que furent construits les murs épais contenant le ruisseau de la Place jusqu'à sa sortie du bourg.
Au passage de la rue principale conduisant à l'église, des
portes furent établies, que l'on pouvait rapidement clore
à l'aide d'épais plateaux de chêne glissés dans les rai-
nures pratiquées dans la pierre des montants.

Mais, comme toujours, l'intérêt général lointain et mal
compris, devait céder devant les besoins immédiats et les
appétits d'une population sans cesse accrue. Cédant aussi
aux théories révolutionnaires de propriété, la municipalité
de Gimeaux se décida à effectuer le partage des derniers
communaux dont jouissait encore la collectivité, des
ténements de la *Ribeyre*, de *Malinchat* et du *Bombar-
dier*. Des experts étrangers, chargés du travail, établirent
1.204 lots, qui furent tirés au sort le 22 prairial an II
(11 juin 1794) entre les 1.204 habitants, hommes, femmes,

(1) Archives départ., série C, n° 2331.

enfants et mêmes domestiques étrangers, dont se composait alors la population de Gimeaux. Il ne resta plus dès lors, dans l'indivision communale, que les parcelles suivantes :

A la *Pireyre*, le presbytère, son jardin et le terrain en dépendant, un emplacement planté de noyers, avec, à la suite, un pré et un gravier. Au quartier de la *Place*, l'emplacement de la place publique, agrandi par la démolition du four commun et où « est le pin de la commune ». Proche de là, la chapelle de saint Abdon avec, derrière, un emplacement « où il y a un gros noyer » (1). A la *Croix du Pouget*, un emplacement « où les habitants vont battre leur blé ». Enfin, l'église, le cimetière derrière et une place devant. Il n'y a pas encore de maison de ville à Gimeaux et la municipalité tient ses séances dans la maison du desservant « qui n'en a pas de reste » (2).

Le partage des communaux ne fut pas une opération heureuse ; elle ne contenta même pas les allotis, qui se plaignent de l'inégalité des lots et de l'insuffisance de leur titre de propriété. Plusieurs même ne prennent pas possession de leur part et c'est ainsi que l'arrêté préfectoral du 26 août 1822 ayant suspendu tout lotissement et interdit tout défrichement de communaux à Jumeaux, quelques parcelles disséminées et sans valeur, épaves du grand partage, sont demeurées propriété communale. Ce partage fut d'ailleurs le signal de la curée des biens collectifs : usurpations de chemins, rues, places, murs communaux... ; la municipalité en fit dresser le tableau et s'efforça pourtant d'obtenir quelques restitutions. Cependant, conséquence plus grave, les ressources communales furent taries de ce jour et la municipalité n'aurait pu faire face à ses charges, si l'arrestation, en l'an II, du curé

____

(1) Cette chapelle servait alors de corps de garde à la garde nationale et ne fut plus rendue au culte.

(2) Archives municipales.

Martin, qui avait refusé de prêter le serment constitutionnel, n'avait laissé à la disposition de la commune les biens dont il jouissait (1). Le presbytère et ses dépendances, grange, jardins, noyers, réserve faite d'une chambre et d'un cabinet à l'usage de la municipalité, furent loués 283 livres par an ; en l'an III, ces mêmes biens rapportèrent 405 livres. Mais, lorsque le curé eut repris possession du presbytère, les difficultés financières s'accumulèrent et la situation de la commune était désespérée lorsque, en l'an XII, elle fut érigée en chef-lieu de canton. Les centimes additionnels, qui étaient alors ses seuls revenus, produisaient 161 fr. 15, et il fallait avec ces ressources médiocres assurer l'entretien du local de la justice de paix et des autres bâtiments communaux, le traitement du secrétaire de la mairie, du garde champêtre, etc... Depuis deux ans, celui-ci n'exerçait plus, n'étant pas payé. Le déficit budgétaire atteignait 450 fr., il fallait trouver un local pour l'auditoire de la justice de paix, réparer l'église qui était presque en ruines et enfin assurer un traitement annuel de 200 francs à un vicaire, indispensable à une population de près de 1.500 âmes. La municipalité vint heureusement à bout de ces difficultés de la manière suivante :

Lassaigne, menuisier, possédait sur la Place, qui l'entourait sur trois côtés, une cave voûtée d'une quarantaine de mètres de superficie et de cinq mètres de hauteur, éclairée par une lucarne. Il consentit à la céder à la commune, après y avoir pratiqué deux grandes croisées, en échange d'un « aize » donnant sur la même place, renfer-

____

(1) Le curé Martin, reclus au Petit-Séminaire de Clermont, fut relâché en vertu d'un arrêté du représentant du peuple Chazal, du 30 prairial an III, après qu'il eut fait acte de soumission au gouvernement républicain : les scellés apposés sur son mobilier furent aussitôt levés. Il fut remplacé à Jumeaux, le 27 germinal an IV, par Français Vayssard jeune, désigné à l'élection, qui fit cette déclaration à la mairie: « Je » reconnais que l'universalité des citoyens français est le *souverain* et » je promets soumission et obéissance aux lois de la République. »

mant un puits commun. Un passage fut réservé pour ne
pas gêner l'usage de ce puits par les habitants du quartier (1).

Le communal de la *Virade* était encombré de bois à
bateaux que viennent y déposer les montagnards; en faisant payer une redevance minime de 0 fr. 50 par char de
bois, la commune pourra se procurer des ressources. Un
arrêté préfectoral du 3 janvier 1807 autorise cette perception, qui fut d'abord faite par un préposé, chargé en
même temps de faire ranger convenablement les bords,
planches, courbes, fretiaux, batons, patouilles; mais le
régime de la ferme parut bientôt plus avantageux et le
premier bail aux enchères passé le 30 août 1809, pour la
perception des droits de place, rapporta 540 francs à la
commune; l'année suivante ce prix s'éleva à 590 francs,
ce qui représentait le dépôt de plus de 1.200 chars de
bois de construction de bateaux. En même temps, la
municipalité poursuit activement la recherche des usurpations de terrains, et au 1er janvier 1807, la caisse communale avait de ce chef encaissé déjà 926 francs.

M. Seguy Julien, qui avait été maire de Jumeaux pendant la Révolution et sous l'Empire, avait, de ses deniers
personnels, fait édifier sur la Virade un petit bâtiment de
deux pièces, destinées à servir l'une de prison, l'autre
d'asile chauffé en hiver. Il faut croire qu'il n'y avait à
Jumeaux ni malfaiteurs à enfermer, ni malheureux à
hospitaliser, puisqu'en 1817, le bâtiment surélevé d'un
étage devint la maison commune : le rez-de-chaussée
composé d'une pièce et d'un cabinet servait tour à tour
de salle d'école, de mairie et d'auditoire de la Justice de
paix ; au premier était le logement de l'instituteur. Le
bâtiment agrandi, notamment après 1871, a toujours
conservé les mêmes affectations.

Le presbytère actuel fut édifié en 1841 sur un terrain

(1) Acte du 25 pluviôse an XII.

communal et aux frais de la commune, aidée de subventions du conseil de fabrique et de l'État. Sur l'emplacement de l'ancienne cure s'éleva en 1866 une halle qui, devenue sans emploi, a été, il y a quelques années, aménagée en salle de fêtes et de réunions publiques.

II. — **L'Allier.**

LA VALLÉE DE L'ALLIER, TRAIT D'UNION ENTRE LE NORD ET LE MIDI DE LA FRANCE. — L'EXPORTATION PAR LA VOIE FLUVIALE DE SES PRODUITS AGRICOLES ET INDUSTRIELS. — LES MINES DU BASSIN DE BRASSAC. — CHARBONS ET CHARBONNIERS AUVERGNATS A PARIS.

A voir aujourd'hui cette belle rivière si délaissée, divaguant dans le plus complet abandon, transportant son cours de-ci, de-là, à travers la plaine qu'elle dévaste, emportant en un jour de colère une énorme masse de terres cultivées pour laisser à la place des sables et des galets ; profonde ici, un peu plus loin étale au point qu'on peut la traverser à gué ; aujourd'hui torrent fougueux et fangeux, demain paresseuse et limpide ; qui se douterait que pendant des siècles et jusqu'à une époque très rapprochée de nous, l'animation régna sur ses rives, jalonnées de ports et de bacs, à l'aboutissement des chemins et que, malgré ses caprices, elle fut suffisamment docile et forte pour transporter vers le Nord, en d'énormes fardeaux, les produits des riches territoires qu'elle traverse.

L'Allier (*Flumén Elaver*), que les gallo-romains surnommaient *Elacrem* (*alacer*, vif, rapide) [1], fut un chemin de pénétration à travers le Massif Central : l'entrée de la vallée, séduisante et facile, sollicite le voyageur à chercher par elle sa route vers le Sud et dès le 1er siècle de notre ère, elle fut pourvue d'une chaussée qui conduisait de Clermont à Nimes, permettant ainsi les relations com-

(1) GRÉGOIRE DE TOURS. — *Hist. Fr.* V. 34.

merciales entre le Sud et le Nord de la France. C'est
cependant beaucoup plus tard que l'Allier elle-même fut
utilisée directement comme « chemin qui marche » et
aménagée peu à peu à cet effet, sous l'empire des besoins
du commerce. La navigation y semble déjà active lorsque,
en 1435, les États de la Basse-Auvergne votèrent une
somme de 600 livres applicable à l'amélioration de la
rivière, aux environs de Maringues. D'ailleurs, dans divers
actes de 1439, il est fait mention de la *Communauté des
marchands fréquentant la rivière de Loire et fleuves
descendant d'elle,* opérant sur l'Allier, et les bateaux de
cette compagnie remontaient même la rivière jusqu'à
Joze (1). Cette communauté, très puissante, semble avoir
conservé une sorte de monopole des transports par eau,
jusqu'aux premières années du xvii° siècle, et le point de
départ extrême de ses bateaux était Pont-du-Château.
En 1504, 22 villes envoyèrent des délégués à l'assemblée
générale qui se tenait à Orléans, des marchands faisaient
partie de cette sorte de syndicat : Vichy, Saint-Germain-
des-Fossés, Moulins, Maringues et Pont-du-Château
furent représentées à ce congrès qui intéressait aussi les
populations riveraines, car l'association avait sur la navigation des pouvoirs très étendus en matière de police et
de travaux, en vertu de privilèges royaux qui disparurent
seulement en 1764 (2). La Compagnie entretenait dans
chacun de ses ports, de Nantes à Pont-du-Château, un
Procureur Expert chargé de la surveillance des affaires
communes, de la police et de l'entretien de la rivière (3).

L'importance du trafic commercial de l'Allier nous est
attestée par d'autres documents qui nous renseignent
encore sur la nature des transports qui s'y effectuaient.

M. de Ballainvilliers, Intendant de la province d'Au-

<hr>

(1) MAUTELIER. — *La Communauté des marchands fréquentant la
rivière de Loire et fleuves descendant en icelle* (Orléans, 1864-1869).
(2) Arch. départ. · C. 6860.
(3) Bibl. de Clermont, Auvergne. M^s n° 718.

vergne, signale qu'en 1765 les huiles, savons, vert-de-gris, provenant des provinces méridionales, étaient transportés par voie de terre jusqu'à Pont-du-Château, où ils étaient embarqués à destination des villes situées sur le cours de la Loire et sur celui de la Seine (1). Mais point n'était nécessaire d'attirer les marchandises d'au delà des montagnes, pour assurer à l'Allier un trafic : les richesses naturelles et agricoles de son riche bassin suffisaient à elles seules à en faire une voie des plus fréquentées. De ses hautes vallées descendaient des mâts pour la marine royale, coupés dans les forêts de La Chaïse-Dieu et que l'on embarquait au port de La Mothe, près Brioude, pour être flottés de là jusqu'à Nantes (2). Ces mêmes forêts fournissaient également des lances aux armées du roi et, concurremment avec celles d'Ambert, de Vic-le-Comte et de la Margeride, des poutres, des solives, des ais, propres à la charpente, et ces bois se débitaient à Paris et dans les villes qu'arrose la Loire (3). En 1764, M. Péan de Saint-Gilles, entrepreneur général des fournitures de la marine française, exploite la forêt de la Margeride, où, pendant 8 mois par an, il occupe 300 ouvriers : plus de 2.000 voitures conduisent en été les bois coupés, au port de La Mothe (4). L'on avait tout d'abord utilisé les ruisseaux de la montagne pour le flottage jusqu'à l'Allier, où ils étaient réunis en trains considérables, conduits par deux mariniers, armés de perches, l'un à chacune des extrémités du radeau ; mais les difficultés de ce flottage déterminèrent l'Intendant de la Province à faire construire, en 1780, un chemin pour faciliter le transport de ces bois, de la Margeride au port de La Mothe (5). La marine du roi fit également exploiter, en 1741, dans les forêts de St-Germain

---

(1) BALLAINVILLIERS. — *Rapport sur l'État de l'Auvergne en 1765.* *(Publié par Bouillet. Tablettes historiques de l'Auvergne.)* Tome VII.

(2) Arch. départ. — C. 838.

(3) AUDIGIER. — *Histoire d'Auvergne.* I, p. 218.

(4) Archives départ. — Série C, 7685.

(5)   id.   — Série C, 6693.

et de Mauzun, des bois que l'on conduisait à ce même port et à celui de Parentignat (1).

La fertilité naturelle de la Limagne fut, de tous temps, pour les étrangers, un motif d'admiration, et les voyageurs qui en vantèrent la beauté, relatent l'abondance et la variété de ses produits naturels. Au premier rang de ceux-ci se plaçaient les grains, les vins et les fruits. Vers 1524, des seigneurs de la Basse-Auvergne expédiaient régulièrement, par la voie de l'Allier, les grains récoltés dans leurs domaines pour approvisionner Orléans, Blois, Tours (2), puis à l'ouverture du canal de Briare, en 1642, Paris. Cependant, M. de Ballainvilliers fait remarquer que ce n'est pas l'Auvergne qui fournit exclusivement des grains à la capitale, « pour la raison que l'Auvergne cultive surtout du seigle dont les Parisiens ne font pas leur nourriture et que la Basse-Auvergne préfère cette culture à celle du froment, comme exposée à moins d'accidents atmosphériques et plus rémunératrice dans son riche terrain » (3). Les vins d'Auvergne, bien qu'abondants, faisaient l'objet d'un commerce moins régulier : ils étaient peu recherchés des marchands de Paris, en raison surtout des risques, des difficultés et des lenteurs de la navigation. Aussi étaient-ils à très bas prix dans le pays. En 1753 et années suivantes, le pot de vin qui contient 15 bouteilles ou pintes, mesure de Paris, se vendait sur place 12 sols, et on a vu, dit M. de Ballainvilliers, « ces mêmes années, employer le vin à la place d'eau pour faire du mortier, tant cette denrée était commune et à vil prix ». Pourtant, la création de chemins permit aux habitants des montagnes du Livradois, du Gévaudan, de la Haute-Auvergne, de la Marche et du Forez, de venir s'approvisionner de vins en Auvergne, où les prix, année commune, variaient de 20

(1) Archives départ. — Série C, 7684.
(2) A. LEROUX. — *Le Massif Central.* — Paris, 1898.
(3) *Loco citato.*

à 25 sols le pot. Legrand d'Aussy (1) donne une autre cause à la mévente des vins d'Auvergne. C'est leur mauvaise qualité : « Ils sont mal faits, noirs en couleur et sans qualité ; il n'est pas étonnant que Paris les dédaignât. Il n'y avait guère que les cabaretiers qui les achetaient pour teindre de petits vins blancs qu'ils vendaient ensuite comme rouges. Mais ce commerce, dans les plus fortes années, n'allait pas à 600.000 livres; il fallait encore que les petits vins eussent manqué dans les pays qui approvisionnent les cabarets de Paris. »

Legrand d'Aussy est injuste dans cette appréciation et la vérité est tout autre. L'Orléanais suffisait communément, à alimenter Paris en vins et leur transport se faisait à peu de frais ; c'est seulement lorsque la récolte y était insuffisante que les marchands venaient s'approvisionner en Auvergne, malgré les difficultés qui paralysaient ce commerce, comme nous le verrons plus loin. On estime que c'est vers 1735 que la capitale commença à tirer ses vins de l'Auvergne. Les marchands allaient d'abord le quérir à la cave du propriétaire, mais l'usage s'établit, vers 1775, que le vendeur vint le livrer à l'acheteur au port le plus proche, sur son bateau (2).

L'on rendit plus tard aux vins d'Auvergne la justice qu'ils méritaient, et Paris en fit, par la suite, une grande consommation dans les quartiers populaires où les débits à l'enseigne de ces vins sont encore nombreux. M. Baudet-Lafarge, dans un mémoire de 1827 (3), dit que depuis le commencement du siècle, la récolte des vignobles d'Auvergne ayant augmenté d'un tiers, il a passé, l'année précédente, 35.000 pièces de vin, jauge d'Auvergne, par le canal de Briare, pour alimenter Paris, sans compter

(1) *Voyage en Auvergne en 1790.* — III, p. 234.

(2) Abbé FOUILHOUX. — *Vic-le-Comte. Histoire civile.* — Bellet, 1909, p. 228.

(3) BAUDET-LAFARGE. — *Quelques observations sur le projet d'un canal latéral à l'Allier*, 1827. — Bibl. Clermont, 1873.

5.000 pièces qui se sont arrêtées et ont été vendues en
Bourbonnais et en Nivernais. L'année, sans doute, fut
exceptionnelle, mais il évalue néanmoins, à 25.000 pièces
l'exportation moyenne de nos vins dont l'expédition se
fait à la crue de novembre. Il y a encombrement à Briare
et c'est 30 à 40 bateaux d'Auvergne, chargés de vin, qui
arrivent à Paris au début des froids.

Si la clientèle parisienne eut parfois des préventions
contre le vin d'Auvergne, en revanche, ses fruits y jouirent
en tous temps d'une grande faveur : les pommes de la
Limagne, en particulier, furent l'objet d'un commerce
important avec la capitale. *Les calvilles, les rainettes,
les pommes d'api* y sont excellentes et ont toujours été
abondantes dans les vergers de Clermont, de Chamalières,
de Montferrand, dans les vallons des Martres, en un mot,
dans toute la plaine. Depuis Aigueperse jusqu'à Issoire,
dit M. de Ballainvilliers, la campagne est remplie de
vergers plantés en pommiers. Le chanoine Audigier (1)
affirme que les pommes transportées à Paris par l'Allier
y ont une réputation fort ancienne : au XIIIe siècle, on les
y vendait sous les noms de calville blanc, de blandureau
et de calville rouge de rouviau.

> Primes ai pommes de rouviau
> Et d'Auvergne le blancduriau,

criaient les marchands de Paris en promenant leur éven-
taire à travers la ville (2). M. de Ballainvilliers, dans son
rapport précité, signale encore l'importance de ce commerce pour Paris, dont les marchands viennent chaque
année en Auvergne acheter et embarquer les fruits vendus
ensuite sous la dénomination de « pommes de bateau ».
C'est la juste réputation de ces fruits qui a permis de

(1) *Histoire d'Auvergne*, I.
(2) LEGRAND D'AUSSY. — *Histoire de la vie privée des Français*, I,
page 271.

continuer jusqu'en 1880 leur transport à Paris, par bateau sur l'Allier, afin d'en maintenir les qualités de fraîcheur et de conservation. Des commerçants, peu scrupuleux, vendraient encore, dit-on, sous le nom de *pommes de bateau*, des fruits chargés en Auvergne sur vagon, puis transbordés sur bateau pour l'arrivée dans la capitale.

La Limagne produisait encore en abondance des noix dont l'huile se consommait dans le pays, mais le bois des noyers s'expédiait à Paris. On embarquait également, dans les ports de l'Allier, à destination de Nantes, pour la marine royale, les chanvres que l'on récoltait en quantité sur ses rives, où ils trouvaient un terrain propice donnant une très belle qualité (1). On peut se convaincre de l'importance de cette culture par le grand nombre de « Lacs » à rouir le chanvre, qui ont laissé leur nom à des terroirs dans toute la Limagne. Bien qu'alimentant en Auvergne même de nombreux métiers à tisser la toile, ces chanvres satisfaisaient encore, dit le *Dictionnaire du Commerce* (1690-1691), à tous les besoins des arsenaux de la marine de Brest, de Rochefort et du Havre, sans altérer la fourniture ordinaire de la batellerie d'Allier, des nombreux bacs qui mettaient ses rives en communication et enfin des mines de houille du bassin de Brassac. Mais comme dans leur transport par eau, ces chanvres se mouillaient souvent et perdaient ainsi de leurs qualités, il s'établit en Limagne de nombreuses corderies pour les ouvrer sur place (2).

Au port de Langeac, on embarque des bois, des fruits et du chanvre (3) [1738]. De La Mothe, port de Brioude, part l'antimoine recueilli dans les cinq mines ouvertes en 1764 dans l'élection (4). A Parentignat, port d'Issoire, on charge, en 1738, près de 300 bateaux de blé, avoine,

_____

(1) M. DE BALLAINVILLIERS. — *Loc. cit.*
(2) M. DE BALLAINVILLIERS. — *Loc. cit.*
(3) Arch. départ. — C. 6875.
(4) Arch. départ. — C. 6861 et 6953.

fèves, fromage, antimoine, planches de noyer, papier des
papeteries d'Ambert (1). Le 13 mai 1825, partirent de
Parentignat 30 bateaux chargés de glace, sous la conduite
des frères Gannat, négociants à Brassac ; cette glace était
destinée à la consommation des habitués du café de la
Rotonde, au Palais-Royal et du café de Paris, boulevard
des Italiens. Les frais de ce transport dépassaient 100.000
francs (2). Le port des Martres était très animé et chargeait
ses vins et fruits à destination de Paris, Nevers, Moulins ;
des huiles et des chanvres s'y embarquaient pour Orléans
et Nantes (1775) [3]. Mais de tous les ports de la région,
celui d'où partirent les plus importants convois, fut, sans
contredit, le port de Brassac : *Brassaget*. En 1738, on
évalue à 2.000 le nombre des bateaux qui s'y chargeaient
chaque année, dont les deux tiers en charbon, le surplus
en marchandises diverses, comme fromages du Cantal (4),
produits de la verrerie de la Margeride (5), bouteilles de
la verrerie de Brassac, à destination d'Orléans. Cette
verrerie, fondée en 1735, périclita pendant vingt ans
avant d'éteindre ses fours : les tentatives pour sa recons-
titution se renouvelèrent depuis sans plus de succès, à
Auzat (6) et à Brassac. Elles furent discréditées, dit
Legrand d'Aussy (7), par la mauvaise qualité de ses produits : le vin se gâtait dans les bouteilles qu'on y fabriquait.
La verrerie, établie en 1813, à La Combelle, fut plus
prospère, mais elle succomba en 1829 sous la concurrence
de Rive-de-Gier. Enfin, remontée à Mège-Coste, où les
premiers fours s'allumèrent le 1er janvier 1836, elle pou-

(1) Arch. départ. — C. 6875.

(2) REYNARD. — *Ephémérides d'Auvergne*. Clermont, 1870.

(3) Archives de la Cour. Liasse 597. *(Enquête ordonnée par le Parlement de Paris, en vue d'autoriser la création de nouvelles foires aux
Martres-de-Veyre.)*

(4) Arch. départ. — C. 6875-838.

(5)   id.   — C. 6693.

(6)   id.   — C. 574 et suiv.

(7) *Voyage en Auvergne*, III, p. 207.

vait, quelques mois après, mettre sur bateau un million de bouteilles par an. Elle n'a cessé de produire depuis.

L'extraction de la houille dans le bassin de Brassac a été certainement pratiquée à une époque très ancienne, et Tardieu (1) dit qu'en 1520 les mines y étaient exploitées de temps immémorial. En certains endroits, il est vrai, le charbon est à fleur de terre, mais il est exagéré de qualifier d'exploitation les procédés rudimentaires employés à cette époque et même beaucoup plus tard, pour se le procurer. En 1634, Jean de la Rochefoucault, seigneur de Brassac, faisait extraire la houille sur ses domaines, à ciel ouvert, par des ouvriers à la tâche et ce mélange de terre et de charbon était, on le conçoit, de bien mauvaise qualité. Il faut arriver à la seconde moitié du xviie siècle, pour assister à des tentatives d'exploitation, encouragées par l'enchérissement de la houille. Jusqu'à l'ouverture du canal de Briare, en 1664, le charbon consommé sur les rives de la Seine, de l'Oise, de la Marne, du Loir et de l'Yonne, venait d'Angleterre et l'établissement d'un droit de 8 sols par baril de 250 livres sur les houilles étrangères à leur entrée dans les cinq grosses fermes, activa la production locale (2).

L'extraction se poursuivit alors et à la fois sur tous les points du territoire où le charbon se montrait à la surface : à Frugières, à Sainte-Florine, à Brassac, à Gimeaux, à Auzat, à Beaulieu, à Charbonnier; mais partout, sous l'ancien régime, les moyens employés restèrent toujours des plus primitifs, chaque propriétaire

(1) *Dictionnaire historique du Puy-de-Dôme.*
(2) BAUDIN. — *Précis historique sur les mines de Brassac* (Annales de l'Auvergne, 1841). Le droit fut porté, en 1692, à 1 fr. 21 environ les 100 kilos.

ouvrant une tranchée, un puit dans son champ, quelque minime qu'en fût l'étendue, jusqu'au moment où l'invasion des eaux, la profondeur du puit le forçait à abandonner l'entreprise. Une des exploitations importantes fut celle ouverte en 1667 sur un terrain appartenant à la communauté des habitants de Sainte-Florine, au territoire du Grosmenay (*Grosménil*). Le 15 août (1), les consuls louèrent leur mine moyennant 300 livres par an à un marchand qui traite ensuite avec dix ouvriers mineurs, moyennant à son profit le tiers des produits bruts de l'exploitation. Cette exploitation s'effectuait par deux puits d'une profondeur ne devant pas excéder 30 pieds et dont l'un servait uniquement à l'aération; par l'autre on montait le charbon dans des sacs au moyen d'un tourniquet à bras; le charbon ainsi extrait se vendait alors 2 sols le carton de 32 livres, pris sur le carreau de la mine (2). Les minutes de l'étude notariale de Jumeaux (3) abondent, du milieu du xviie siècle à la Révolution, en baux de 3, 6, 9 ans, consentis à des ouvriers charbonniers associés, de parcelles de quelques cartonnées, pour l'extraction du charbon et moyennant, au profit du propriétaire, une redevance fixée au tiers, au quart, puis dans la suite au cinquième seulement et jusqu'au huitième des produits à prendre sur le carreau (4).

Les procédés primitifs d'exploitation ne se modifièrent pas et ils étaient toujours en usage pendant la Révolution; la liberté absolue dont jouissaient les propriétaires du sol fut le plus grand obstacle à leur perfectionnement. En 1788, l'Intendant d'Auvergne autorise les habitants de Sainte-Florine à exploiter, par des tours à bras, une mine qu'ils viennent de découvrir sur leur communal de la

(1) Acte aux minutes de l'Etude de Jumeaux.
(2) Environ 0 fr. 50 l'hectolitre de 80 kilogs.
(3) Et il y avait d'autres notaires dans le bassin, à Sainte-Florine, Brassac, Auzat, Auzon.
(4) Voir la note en fin de chapitre.

Chalendre (1), et en 1792, le même répondait à Terrasse de Gimeaux qui lui avait demandé la permission d'ouvrir une mine dans son champ du terroir de « Las Saignas » à Gimeaux, « qu'il n'a pas besoin d'autorisation, puisqu'il » est chez lui : il n'a qu'à respecter les droits des » voisins » (2).

On conçoit quel pouvait être le rendement de ces mines, exploitées par groupes de 5 à 10 ouvriers, sans connaissances techniques, travaillant au hasard, sans autre souci que celui de « sortir leur journée. » Les veines de bon charbon sont à des profondeurs qu'ils ne peuvent atteindre et l'exiguïté du terrain exploité ne permet pas de suivre bien loin le filon rémunérateur qui fuit chez le voisin. Ils se bornent à extraire ce qu'ils trouvent près de la surface, vendant à bas prix du charbon de qualité inférieure, arrêtant leurs travaux dès qu'ils rencontrent la moindre difficulté, abandonnant même les fouilles bientôt envahies par les eaux qui nuiront plus tard à une exploitation vraiment sérieuse. Rencontreraient-ils une veine facile, abondante et de bonne qualité, ils ne peuvent en trouver un bon prix, car aucun acheteur important, gêné par l'incertitude de la production, ne peut traiter avec eux (3).

Des procès sans nombre naissent du voisinage étroit de ces petites exploitations : c'est une équipe de charbonniers qui empiète, sur un terrain étranger; c'est une galerie pleine d'eau qui crève chez le voisin et inonde ses travaux en contre-bas : celui-ci préférera abandonner sa mine que d'en extraire les eaux, opération qui profiterait à l'exploitation inférieure autant qu'à la sienne propre (4).

Ces inconvénients étaient connus de l'autorité qui

(1) Arch. départ. — C. 6985.
(2)   id.   — L. *District d'Issoire*, n° 1883.
(3)   id.   — C. 6976.
(4) Archives notariales. — *Etats de lieux, Transactions, etc.*

s'efforça de bonne heure de réglementer l'extraction de la houille en concédant, dès 1619, une sorte de monopole au duc d'Uzès qui en fit un objet de spéculation, au point qu'un arrêt royal du 3 mai 1698 lui retira la concession et « permit à tous propriétaires de » terres où il y a des mines de charbon de terre ouvertes » ou non ouvertes, de les ouvrir et exploiter à leur » profit, sans qu'ils soient obligés d'en demander la » permission au duc d'Uzès » (1). Les Intendants furent néanmoins chargés de surveiller les exploitations et un arrêt du 24 juin 1738, renouvelé à diverses reprises, leur attribua « la connaissance, pour juger en dernier ressort, » de toutes les contestations concernant la propriété, » possession et jouissance des mines de charbon de terre » de la province d'Auvergne » (2), à l'exclusion des affaires commerciales portées devant la juridiction consulaire de Brioude. Ces mêmes intendants firent de nombreuses, mais toujours infructueuses tentatives de réglementation, pour assurer un rendement minier plus régulier, économique et de meilleure qualité (3); ils s'efforcèrent d'assurer la protection et la sécurité des travailleurs, victimes de fréquents accidents « causés par » l'avidité des propriétaires et fermiers, qui les porte à » trop affaiblir les massifs et piliers et même à y » ménager les bois indispensables aux étais » (4).

L'initiative privée ne restait pas inactive et s'efforçait, plus efficacement peut-être, d'améliorer les exploitations minières. Les nobles et seigneurs de la région, en particulier, déjà propriétaires de grandes surfaces de terrain houiller, y réunissaient les champs voisins qu'ils prenaient à bail. La même année, en 1728, la marquise

---

(1) BAUDIN. — *Précis historique sur les mines de Brassac.*
(2) Arch. départ. — C. 6981.
(3)   id.   — C. 6977.
(4)   id.   — C. 6978.

d'Yolet, de Beaulieu, achète le droit exclusif d'exploiter des mines à plus de trente propriétaires limitrophes dans les paroisses de Charbonnier et de Beaulieu ; cette grande dame ne borne pas son activité à l'extraction du charbon, elle fait encore des recherches d'améthystes, en 1729, dans la paroisse de Vezezoux (1). MM. de Pons, seigneur de Collanges et de Frugères, de Floquet de Réal, du Croc, seigneur de Brassac, des Roys, seigneur d'Auzat, de Seveyrac, seigneur d'Orsonnette et en partie d'Auzat, tentèrent, chacun dans leur région, des exploitations sur une plus grande échelle ; mais ils se heurtèrent toujours aux mêmes difficultés. MM. de Pons et du Croc, qui exploitaient les deux mines voisines de la Fosse et du Grosmenay, en 1764, bien que le charbon y soit abondant et de première qualité, durent cesser le travail, faute de pouvoir s'entendre pour établir un système commun d'épuisement des eaux (2). D'ailleurs, ils n'arrivaient pas à posséder la totalité du terrain houiller et le monopole de la concession ; de petits propriétaires profitaient de leur voisinage et des travaux d'épuisement des eaux pour ouvrir, à côté des leurs, des puits leur permettant d'extraire à peu de frais du charbon qu'ils vendaient à vil prix (3) ; et il ne semble pas, loin de là, que ces seigneurs se soient enrichis à ces travaux ; on n'a, pour s'en convaincre, qu'à parcourir les réclamations et les plaintes incessantes qu'ils adressaient à l'Intendant,

(1) Bail notarié du 18 juillet 1729 « de toutes les mines d'*amatiste* » au terroir de la *Garde*, à Marnat, se trouvant dans une terre où la dite dame pourra faire fouiller comme elle l'entendra « pour y faire cher- » cher des pierres d'*amatiste* ». Legrand d'Aussy (*Voyage en Auvergne*, II, 193) fait remonter à un Canillac, seigneur de Châteauneuf (Valz-sous-Châteauneuf), vers le milieu du XVIIe siècle, l'idée de faire travailler cette sorte de roche. Les petits joyaux qu'on en formait eurent, dit-il, de la vogue pendant quelque temps. Par la suite et jusqu'à la fin du XVIIIe siècle, des Espagnols vinrent régulièrement au Vernet-la-Varenne se livrer à des recherches fructueuses d'améthystes. (Voir Démarty. Les Pierres d'Auvergne. — *Revue d'Auvergne*, 1898).

(2) Arch. départ. — C. 6953.

(3)   id.   — C. 6982.

visant surtout à des dégrèvements d'impôts et où ils
exposaient leur gène financière (1).

Les compagnies financières qui se fondèrent dans la
poursuite du même but, ne furent pas plus heureuses.
Celle établie à Paris, en 1735, acheta ou loua des mines
dans le bassin. Un bail important, qui lui est consenti le
26 septembre 1735, de 10 puits de mine, dans la paroisse
de Sainte-Florine, contient, il est vrai, la clause suivante,
dont on ne s'explique guère la restriction : « Ne pourra,
» le sieur Leclerc et ayants cause, se servir d'aucunes
» machines et chevaux pour tirer le charbon, mais s'en
» servir seulement pour tirer les eaux » (2). L'extraction
se pratiquait toujours par tourniquets à bras ; en 1774,
cependant, les procédés se sont légèrement perfectionnés.
Les puits d'extraction sont maintenant recouverts d'une
« cabane » en bois abritant aussi « la machine en bois de
» chêne, garnie de 2 poulies, d'une grosse corde, de 2 barils
» et tambour » ; un cheval y est attelé pour le tirage du
charbon (3). Chaque puits occupe 12 ouvriers dans l'intérieur, dont 4 piocheurs, 2 pour emplir les sacs et 6 pour
les porter jusqu'au cul du puits. Au dehors, 2 chevaux,
2 hommes pour vider les sacs et 2 petits machineurs pour
conduire les chevaux, un maitre et un sous-maître charpentier pour préparer les bois, fuster les puits et les passages
et diriger les travaux, un commis pour livrer le charbon
et faire la paye chaque dimanche, plus deux ouvriers pour
les cas imprévus, un Directeur général à forts appointe-
ments, un commis garde-magasin à chaque port d'Allier,
où se voiture le charbon, un maréchal ferrant et un aide (4).
Les affaires de la Société ne furent jamais prospères, et,
à plusieurs reprises, elle fut à la veille de sombrer. En 1768,
enfin, elle abandonna tout à fait, bien qu'elle pût être en

(1) Arch. départ. — C. 6986 et suiv.
(2) BAUDIN. — *Déjà cité.*
(3) *Etat de lieux du 30 avril 1774.* — Acte DALBINE.
(4) BAUDIN. — *Loc. cit.*

mesure d'assurer une production de 20.000 voies par an (1);
enfin, elle dut réaliser son actif en 1781. Feuillant, de
Brassac, « homme d'une grande activité, de compétence
» indiscutée et qui a du crédit », réussit cependant, à la
tête de plusieurs sociétés, à monter des exploitations
importantes, à la veille de la Révolution. Il avait obtenu,
par arrêt du Conseil d'État du 7 juin 1785, le permis
exclusif d'exploiter les mines se trouvant sur les territoires
du champ de Maurras, La Combelle, La Vigerie, Domery,
Laydon (2), et sa mine de *La Taupe*, ouverte la même
année, occupe 120 ouvriers. On emploie maintenant dans
ces exploitations importantes, où les travaux sont poussés
jusqu'à 300 pieds de profondeur, des machines à molettes
de grande dimension, qui coûtent 10.000 livres (3). En
1789, quelques petites mines seulement restent entre les
mains de particuliers.

La période révolutionnaire fut pour le bassin houiller
l'époque des grands rendements. Pour les besoins des
ateliers d'armes de Paris, le Comité de Saiut Public envoya
sur les lieux Monnet et Larcher, avec pouvoirs étendus,
« pour activer l'exploitation de la houille et son expédition
» sur Paris ; assurer par des réquisitions de grains la
» subsistance des ouvriers mineurs, les ramener par la
» force armée dans les travaux à plusieurs reprises aban-
» donnés des mines du *Feu*, de *La Combelle* et de *La
» Taupe*; déterminer, par voie de persuasion ou de
» menaces, les exploitants à tenir leurs travaux dans un
» état constant d'activité ;.... accroître la production
» houillère par l'ouverture de nouvelles mines.... »
Monnet était ingénieur des Mines et connaissait bien le
bassin, pour avoir été chargé par l'Intendant d'Auvergne
de l'inspecter en 1772 (4) ; mais malgré sa compétence et

(1) Arch. départ. — C. 6983.
(2) id. — C. 6988.
(3) LEGRAND D'AUSSY. — *Voyage en Auvergne*, II, 258.
(4) Voir le *Voyage en Auvergne* de MONNET, Inspecteur général des
Mines. (Mémoires de l'Académie de Clermont, XXIX.)

les pouvoirs dictatoriaux mis entre ses mains par le Comité
de Salut Public, nous verrons comment il échoua dans sa
mission, ne pouvant vaincre les obstacles nés de la force
des choses. La loi du *maximum* imposée aux gros exploitants réquisitionnés ne put empêcher le renchérissement
des toiles, huile, fer, chanvre et chevaux nécessaires à
l'exploitation, qui faisaient défaut ou se dérobaient à la
taxe révolutionnaire. Alors que les trois grandes mines,
malgré leur richesse minière et le perfectionnement des
appareils d'extraction (le puits de La Combelle avait
350 mètres de profondeur et occupait 2 machines à molettes actionnées par 16 chevaux), ne produisaient pas plus
de 50 voies de charbon par jour (1), les autres petites
mines, échappant au maximum, se remontèrent à la hâte,
avec leurs procédés anciens et défectueux, obtenant une
production supérieure à celle des mines réquisitionnées et
des plus rémunératrices (2). A bout d'efforts, Monnet fut
rappelé par le Comité des Mines « comme ayant outrepassé
ses pouvoirs ». La loi du *maximum*, en tombant, amena
la cessation de la plupart de ces petites exploitations, tandis
que les grandes, affranchies d'entraves, reprirent leur
trafic normal. Le régime des concessions, établi par la loi
du 21 avril 1810, commença l'ère de la prospérité minière
que le perfectionnement et le développement du machi-
nisme accrurent encore La première machine à vapeur
du bassin fut installée en 1809, à *La Combelle*, par
M. Sadourny.

L'exploitation minière détermina un mouvement commercial important dans tout le bassin : le tonnage de la

(1) L'unité de mesure du charbon était la *Raze*, petite bacholle contenant un peu plus de cent livres de charbon sec ou 7 hectolitres. 30 bonnes
razes font une *coie* qui pèse 3.300 à 3.500 livres et mesure environ 200
hectolitres.

(2) BAUDIN. — *Précis historique sur les mines de Brassac.*

batellerie d'Allier fut triplé et la navigation proprement
dite, qui partait seulement de Pont-du-Château, remonta
à Brassaget. Les charbons achetés par des intermédiaires
sur le carreau de la mine, étaient encore, en 1788, transportés au port dans des sacs, à dos d'âne, et entreposés
dans leurs magasins. Soixante ânes, dit Legrand d'Aussy,
étaient employés journellement à ce service (1). Les
acheteurs, tout comme les producteurs, étaient nombreux,
car le commerce jouissait de la plus grande liberté. Les
archives notariales compulsées contiennent un grand
nombre de traités aux termes desquels des charbonniers
cèdent d'avance à un marchand leur production à venir ;
mais la combinaison qui prévalut plus tard fut celle du
marchand qui louait lui-même la mine à prix d'argent, la
concédait ensuite à une équipe de charbonniers moyennant
une part des produits et achetait enfin la portion de ces
produits appartenant aux ouvriers. Rarement les marchés
sont traités pour des quantités fermes, car la production
est trop incertaine ; le marchand achète les charbons dès
qu'ils forment, pour ses besoins, des tas suffisants sur le
carreau. Les prix sont des plus variables, tant en raison
de la qualité de la marchandise que de l'éloignement et
des difficultés du transport de la mine au port d'embar-
quement. En 1767, dans une vente aux enchères de biens
de mineurs, des tas différents provenant de la même mine
se vendent de 3 livres 5 sols à 6 livres 15 sols la voie ; la
même année, dans des ventes amiables, on voit varier les
prix de 4 livres à 4 livres 10 sols la voie. En 1772, cent
voies sont payées 5 livres 10 sols la voie, mais le vendeur
doit les livrer au port du Couhard (Brassaget), et en 1774,
3.000 voies valent 10 livres la voie, livrées au port. Un
acte de 1760 évalue à 15 ou 16.000 livres l'importance
annuelle des affaires de cette nature traitées par un marchand de Gimeaux.

(1) Ouvrage cité, II, 258.

D'autres spéculateurs, *les voituriers par eau*, venaient ensuite au port acheter les charbons pour les transporter et les livrer à la consommation. La Compagnie des marchands fréquentant la rivière de Loire et affluents profita tout d'abord, à peu près seule, de ce trafic, et M. de Camus, intendant d'Auvergne, estimait, en 1669 à 10.000 livres les bénéfices qu'elle réalisait annuellement du fait du transport des charbons de Brassac (1). Il semble bien, cependant, qu'en tous temps, ce trafic jouit, comme toutes les autres branches du commerce des charbons, de la plus entière liberté et qu'il ne fut jamais gêné par un monopole; les intéressés veillaient d'ailleurs et il est douteux que l'autorité royale ait toléré son établissement. Témoin la plainte qu'adressaient au roi, en 1773, les charpentiers à bateaux et mariniers du bassin, contre un nommé Mathieu, qu'ils accusaient d'avoir traité avec des charbonniers et des commissionnaires en charbon pour des fournitures annuelles considérables, puis avec des voituriers par eau pour les transports. Maîtres du marché, disaient-ils, il avait imposé aux ouvriers de tels rabais qu'il réduisait ceux-ci à la mendicité. L'enquête menée par l'Intendant ramena les choses à de justes proportions : Mathieu avait traité pour la fourniture et la conduite à Paris, chaque année, de 1.500 voies de charbon seulement ; « la liberté » du commerce, ajoutait-il, ne pouvait, pour si peu, être » mise en péril » (2).

L'importance et l'activité de ce commerce sont attestées par de nombreux documents. L'Intendant d'Ormesson, dans son rapport de 1698, évaluait, d'après l'état des péages perçus au Pont-du-Château, qu'il passait par ce port mille bateaux ou trains de bois par an : le charbon entrait pour moitié dans ce transit, ce qui, à la charge moyenne de 10 voies par bateau, représentait une vente

(1) JOUVET. — L'Auvergne historique, 1913. — *Correspondance de Colbert.*

(2) Arch. départ — C. 6980.

de 100.000 hectolitres au dehors de la province. L'Intendant en évaluait le produit annuel à 50.000 écus et attribuait cette prospérité au droit dont les charbons étrangers avaient été frappés depuis la guerre. Paris, qui était la principale destination des houilles extraites dans le bassin, ne tarda pas, à son tour, à s'y approvisionner presque exclusivement, surtout après l'arrêt du Conseil du Roi du 29 décembre 1724, qui, pour protéger l'industrie stéphanoise, avait prohibé le transport des charbons du Forez ailleurs que dans la ville de Saint-Etienne. L'Intendant d'Auvergne estime alors que si l'exploitation des mines de Brassac était bien dirigée, celles-ci pourraient fournir les 17.000 voies nécessaires chaque année à la capitale (1). La clientèle se plaint, il est vrai, de la mauvaise qualité de ces charbons (2), imputable surtout aux marchands qui mélangent à la houille de bonne qualité les produits acquis à bas prix des exploitants de surface. Il serait, dit-il, pourtant facile d'écouler ces charbons de qualité inférieure dans les manufactures de Thiers, à la verrerie de Brassac, et enfin aux fours à chaux de la province (3). En 1736, Charles Ju, écuyer, architecte de la Maison d'Orléans, qui a acquis 10 puits de mine à La Roche-Brezin, Mègecoste, Bois-Chevalier, se fait fort de fournir à la consommation de la capitale 10.000 voies par an (4), et cette même année, un ingénieur, envoyé par l'Intendant visiter les mines que la Compagnie parisienne y exploitait, rend compte qu'il se trouve sur le port de *La Chazotte* (à 250 toises de de Brassac), 9.462 voies de charbon mesure de Paris (représentant 7.835 voies 3/5 mesure du pays) [5]. Si la Compagnie poussait bien ses travaux, elle pourrait sous

(1) Arch. départ. — C. 6976.
(2)   id.   — C. 6977.
(3)   id.   — C. 6976.
(4)   id.   — C. 6982.
(5) La voie de Paris pesait environ 1.200 kilogs au lieu de 16 à 1.700 kilogs, poids de celle de Brassac.

peu produire 34.999 voies, et si toutes les mines étaient
en activité, 96.398 voies (toujours mesure de Paris) [1].
Les mines d'Auzat vendaient, en 1764, leur charbon aux
forgerons de Paris et ceux-ci l'appréciaient autant que
celui d'Angleterre (2). M. de Ballainvilliers, sans donner
de chiffres précis dans son mémoire de 1765, dit que les
charbons de Brassac s'en vont, pour la plus grande partie,
par l'Allier, à Paris, où il s'en fait un grand débit, et à
Orléans ; les coutelleries de Nevers et de Moulins s'en
servent également. Comme le nombre des bateaux, à tous
chargements, passant annuellement à Pont-du-Château,
est alors de 1.600, il est permis de croire que depuis 60 ans,
les expéditions d'autres denrées ayant peu sensiblement
augmenté, le charbon occupe mille de ces bateaux, représentant un tonnage total de 10.000 voies. A cette même
époque, l'Auvergne elle-même, devant le prix élevé du
bois de chauffage, se mit à consommer du charbon de
terre dans les maisons.

Mais les charbons d'Auvergne se vendiront même
au delà de Paris, concurrençant ceux venus d'Angleterre
par le Havre et remontant le cours de la Seine ; ils en
furent pourtant longtemps empêchés par la prétention
des *Mesureurs et Porteurs de charbon de la ville de
Paris*, qui voulaient les soumettre aux mêmes droits que
ceux qui se débitaient à Paris même (3). Les marchands
auvergnats obtinrent l'exonération de ces droits par un
arrêt du Conseil du 9 avril 1737, sous la réserve de faire
viser leurs lettres de voiture par ces mesureurs, au passage
de la capitale. Dans leur requête au roi, ils indiquent
qu'ils se font forts de fournir de charbons de bonne
qualité, non seulement Paris, mais encore les localités se

---

(1) Arch. départ. — C. 6975.
(2)   id.   — C. 6953.
(3) Un arrêt de juin 1730 avait créé ces offices dont les titulaires faisaient acquitter un droit de 10 livres 17 sols 6 deniers par voie, aux
charbons vendus dans la capitale.

trouvant sur les cours de l'Allier, de la Loire, de l'Yonne, de la Seine, de la Marne, de l'Oise et des canaux de Briare et d'Orléans (1).

En 1783, cinq mines seulement étaient en exploitation dans la région ; le port de Brassaget chargeait sur bateau 10.000 voies par an à destination de Paris, et celui d'Auzat, 3.000 voies. Le charbon acheté au port 20 livres la voie, voyait son prix augmenté de 36 livres la voie pour frais de transport (2). Legrand d'Aussy évalue quelques années plus tard à 15 à 16.000 voies la production totale des deux bassins, dont 6.000 voies sont vendues sur place pour la consommation de l'Auvergne ; le surplus, prenant la voie fluviale, va alimenter Orléans, Nantes et surtout Paris (3). Pendant la Révolution, le commissaire Larcher, qui s'était vanté de pouvoir faire expédier à Paris 20.000 voies de charbon par an, ne réussit certainement pas à maintenir cette production, car en l'an V, au rapport de l'Ingénieur des mines Laverrière, La Taupe et La Combelle, les deux seules mines alors exploitées, ne tiraient pas ensemble plus de 35 à 40 voies par jour. En 1810, au dire de Baudet-Lafarge, l'importation de la houille à Paris était de 513.000 hectolitres et monta à 750.000 hectolitres en 1815 ; sur quoi les mines du bassin de Brassac fournissaient à elles seules 700.000 hectolitres. 2.500 bateaux descendaient alors annuellement l'Allier, dont 500 n'allaient pas au delà de Moulins (4). Les chiffres qui précèdent, relatifs à la production houillère du bassin de Brassac, semblent très exagérés, car à une époque de bien peu postérieure, en 1835, Baudin estime à 5 ou 600.000 hectolitres cette production, dont 100.000 hectolitres sont vendus sur le carreau de la mine, le surplus se chargeant sur bateaux

(1) Bibliothèque de la ville de Clermont. Imprimés. Série Auvergne, n° 713.

(2) BAUDIN. — Ouvrage cité.

(3) Ouvrage cité, II, page 255.

(4) BAUDIN. — Déjà cité.

pour Angers et Paris, points extrêmes du marché à cette
époque, et, en 1841, M. Martha-Beker (1) évalue à
47.679 tonnes le tonnage de l'Allier entre Brassac et
Bec-d'Allier, soit 600.000 hectolitres seulement, en
admettant même que le charbon constituât seul ce tonnage.

Il ne faut pas moins retenir de tous ces chiffres, que
jusqu'au milieu du siècle dernier, les charbons d'Auvergne
alimentèrent la capitale pour la plus grosse part de sa
consommation ; aussi ne doit-on pas s'étonner que les
Auvergnats y aient tous été considérés comme charbonniers. Le commerce de la houille avait certainement
favorisé l'établissement, à Paris, d'un grand nombre
d'entre eux, comme commissionnaires ou détaillants, et,
pour le Parisien, les nombreux mariniers que le trafic y
attirait, étaient aussi des charbonniers. C'est aussi pourquoi, sous l'ancien régime, la prison de l'Hôtel de Ville
de Paris, qui servait de lieu de répression aux gens de
rivière, s'appelait « la Charbonnière », preuve évidente
que les convoyeurs de charbon formaient la majorité dans
cette corporation (2).

Note : Les fermiers des charbonnières supportaient
tous les frais d'extraction et comme les acheteurs venaient
prendre livraison du charbon sur le carreau, le propriétaire n'avait d'autre dépense à sa charge que l'entretien
d'un employé, chargé de pointer le nombre des sacs
extraits du puits et que les porteurs lui signalaient d'un
cri, au fur et à mesure qu'ils les détachaient de la corde
du tour, pour aller les vider aux tas respectifs du propriétaire ou du fermier. C'est pour ce motif que les baux
interdisaient, d'une façon formelle, l'extraction du charbon avant le lever et après le coucher du soleil. La journée
des ouvriers était néanmoins fixée au même prix, été
comme hiver ; il est vrai qu'ils étaient embauchés à l'année.

(1) BAUDET-LAFARGE. — *Quelques observations sur le projet de canal
latéral à l'Allier*. 1827.

(2) MONIN. — *Histoire d'un bourgeois de Paris*. — A. Colin, p. 264.

Les réparations aux boisages et l'épuisement des eaux étaient les seuls travaux que l'on pouvait exécuter de nuit.

Dans des cas exceptionnels, par exemple pour compléter une fourniture urgente, et avec l'exprès assentiment du propriétaire, les ouvriers devançaient ou dépassaient le jour : il leur était alors alloué, en supplément, 5 sols et une chopine de vin par demi-journée.

En 1709-1710-1711, cependant, « comme il faisait très cher vivre et que la main-d'œuvre abondait », les ouvriers de M. de Pons de Frugières, « pour se faire bien voir de lui et conserver leur salaire », arrivaient à la mine, en hiver, jusqu'à trois heures avant jour.

Néanmoins, l'usage était tellement entré dans les mœurs ouvrières, qu'il survécut aux causes qui l'avaient imposé. Lorsque les Compagnies propriétaires de mines voulurent augmenter le nombre d'heures de travail d'hiver, elles se heurtèrent à l'hostilité non seulement des ouvriers, mais même de toute la population. Vers 1740, la Société Ju et Cie, qui exploitait *la Fosse*, *le Grosmenay*, *Belair*, *la Molière*, *les Griques*, réussit néanmoins à imposer à une voie, soit 30 à 32 sacs, l'extraction journalière que chaque mineur devait effectuer en toute saison. (Enquête dans le procès Ju et Cie, contre Pierre de Pons.— *Archives de la Cour de Riom*. Liasse 180.)

III. — **La Navigation.**

On est surpris de l'importance du trafic qui s'effectuait par l'Allier, lorsqu'on se rend compte des difficultés et des obstacles que présentait la navigation de la rivière, surtout en amont de Pont-du-Château, obstacles aussi nombreux que variés et provenant du fait des hommes autant que des forces aveugles de la nature.

L'Allier, dans la partie navigable de son cours, l'était à peine pendant six mois de l'année, moitié au printemps, moitié à l'automne et les bateaux devaient se tenir prêts, longtemps à l'avance, pour pouvoir profiter des crues périodiques. Mais souvent, au lieu de la simple crue plus ou moins importante, rarement moyenne, c'est l'inondation soudaine qui survient; en quelques heures, l'étiage des eaux monte de plusieurs pieds : les flots boueux couvrent la vallée, emportant tout. Les bateaux chargés rompent leurs amarres, sont entraînés et coulés. Ces débordements sont malheureusement fréquents : la fonte rapide des neiges au printemps, les pluies d'automne, les orages qui enflent subitement les torrents, descendant des montagnes, suffisent à amener des catastrophes, dont on a observé le retour, pour ainsi dire régulier. Inondations ou simplement grandes eaux, amenaient toujours avec elles des ruines, dont les doléances des riverains qui en sont victimes, grossissent les archives de l'ancienne Intendance et prouvent la fréquence (1).

Le bénédictin D. Boyer relate que le 8 novembre 1710, il fut surpris à Nonette par un de ces fléaux, « l'Allier ayant inondé toute la campagne, noyé plusieurs personnes et fait mille ravages »; il ne put se rendre à Issoire, comme il l'avait projeté et dut rentrer à Brioude en suivant la crête des montagnes de la rive droite (2). Le 11 octobre 1790, une inondation soudaine enleva une quantité de vins, fruits, bois, charbons, chargés sur bateaux, et en pluviôse an III (1795), la débacle subite des glaces brisa plusieurs bateaux avec leur chargement complet de charbons, en endommagea d'autres dans le port de Jumeaux,

---

(1) Archives départ. — Série C. Voir P.-L. BLANC. Les inondations de l'Allier dans l'arrondissement de Brioude.

(2) *Journal de Dom Boyer*, publié par VERNIÈRE. (Annales de l'Académie de Clermont.)

causant une perte totale, dans ce port seulement, de 9.300 livres (1). L'inondation de 1846 est citée comme l'une des plus grandes qu'ait éprouvées la rivière; pendant huit jours une pluie torrentielle avait tellement grossi l'Allier qu'elle s'étendait sur une largeur de 3 à 4 kilomètres. A cette époque, tous les ports étaient encombrés de bateaux chargés qui attendaient, pour descendre, la crue de saison. Tout fut emporté, brisé, englouti; à Pont-du-Château seulement, on évaluait les dommages à 60.000 francs au minimum (2). L'inondation de l'automne 1875 a laissé dans mes souvenirs d'enfance une image indélébile. En une nuit, l'Allier avait couvert la plaine, qui, au matin, n'était qu'une vaste étendue d'eau jaunâtre et mugissante. Les routes étaient coupées, les ponts menacés; des courants furieux se formaient dans cette masse limoneuse, entraînant des pignons de gerbes encore intacts, des arbres déracinés, des caisses vides provenant de la verrerie de Mègecoste, des meubles, des lits et des berceaux avec leurs couches et leurs draps, témoignant de la soudaineté de l'irruption des eaux dans les maisons, dont les habitants avaient eu grand'peine à s'enfuir (3). Des bestiaux emportés se débattaient quelque temps, puis disparaissaient dans les flots qui, note comique au milieu de ces scènes de désolation, roulaient encore d'énormes potirons, taches brillantes, arrachés aux jardins. Un bateau de pommes (un des derniers survivants de la batellerie) fut englouti sous les yeux des habitants terrorisés, malgré les efforts de mariniers qui, à plusieurs reprises, avaient risqué leur vie pour tenter de le sauver; enfin, vision

---

(1) Archives départ. — Série L. (Délibérations du Conseil général.)

(2) MÈGE. — *Ephémérides du Puy-de-Dôme*, p. 142. — Par décision du 1er mars 1847, une médaille d'argent fut décernée aux deux mariniers de Jumeaux, Seychaux Claude et Bardy Jean, pour leur belle conduite lors de cette inondation.

(3) On lit dans *Le Figaro*, numéro du 18 sept. 1875 : « Un cultivateur » de la plaine d'Issoire, surpris par l'inondation, réfugié dans un arbre, » eut le sang-froid de compter les pignons de blé qu'il a vu passer dans » les eaux de l'Allier : 203. »

inoubliable, d'innombrables reptiles, surpris par l'inondation, venaient se faire tuer sur la terre ferme où ils tentaient de se réfugier.

Les simples crues, lorsqu'elles étaient suffisantes, duraient peu, trop peu le plus souvent, au gré des mariniers, pour que la navigation pût profiter après coup des hautes eaux ainsi produites, car la décrue était aussi rapide que l'inondation. M. Blanc (1) cite cependant l'heureuse campagne de M. Tixier jeune, négociant à Veyre, qui, à l'automne 1790, expédia du port des Martres à Paris 300 pièces de vin. Ayant vendu et livré sa marchandise, rechargé ses futailles, il put faire remonter ses bateaux jusqu'aux Martres, les recharger à nouveau et les faire repartir avant la fin de la crue, c'est-à-dire en moins de trois mois. Pour peu que la crue soit un peu forte, les courants sont totalement changés ; des bancs de sable obstruent le cours de la rivière là où les bateaux trouvaient auparavant un tirant d'eau suffisant ; ailleurs, ce sont des rochers que l'inondation a découverts, des arbres déracinés qui forment un barrage et font dévier son cours, créant un passage rapide, étroit et périlleux. D'autres fois, ce sont les glaces qui obstruent la rivière, au moment le plus favorable à la navigation, ou une sécheresse persistante qui retarde les départs. En 1825, la disette d'eau fut telle qu'on ne put faire partir que 700 bateaux chargés de houille ; par contre, l'année suivante, les crues ayant été plus abondantes et plus longues, 2.300 bateaux charbonniers purent effectuer leur voyage (2). Le chanoine Audigier (3) fait remarquer que ces retards dans la crue saisonnière sont la cause fréquente de la perte de chargements entiers de pommes : les

(1) *Rapport fait à la Chambre de Commerce de Clermont...* Clermont, 1827.

(2) *Mémoire de Dupin sur le canal latéral de l'Allier.* (Revue encyclopédique.)

(3) *Histoire d'Auvergne*, I, p. 232.

fruits restés trop longtemps sur bateau arrivent pourris à
Paris. Les marchands se dégoûtent, dit-il, et ne se ris-
quent à en venir chercher en Auvergne que lorsque l'année n'a pas été favorable pour les pommes dans les autres
endroits de France. Pour les mêmes raisons, les marchands de Paris hésitent à venir acheter des vins en
Auvergne (1). Legrand d'Aussy (2) signale un autre incon-
vénient, spécial aux transports de vins, de ces séjours
prolongés de bateaux en rivière : les bateliers, pour
tromper leurs loisirs, se mettent à boire le vin qu'ils
conduisent, remplaçant par de l'eau la vidange des tonneaux. Et la malhonnête pratique devait être d'usage
courant, puisqu'un arrêté du Comité de Salut Public
du 21 prairial an II (9 juin 1794), sous la signature de
R. Lindet, autorise les entrepreneurs de messageries,
« pour surveiller les mariniers chargés de la conduite des
« vins sur les coches et voitures d'eau de la Seine »,
d'établir, sous le nom de *facteur d'allège*, un préposé
chargé uniquement, dans chaque bateau, de prévenir par
sa vigilance toute altération ou soustraction des vins (3).

Ces difficultés, dans la navigation, augmentent à mesure
que l'on remonte le cours de la rivière et c'est à peine si
à Langeac, point extrême d'où partent quelques trains de
bois, les hautes eaux durent quelques semaines par saison.
A La Mothe, port de Brioude, la charge maxima des
bateaux, qui, à Brassaget, est de 35 milliers (4), ne peut
excéder 30 milliers et c'est à grand'peine qu'on a pu
commencer la batellerie à ce point, malgré l'importance
des produits qu'on y pouvait embarquer (5). La ville de
Brioude, dans un mémoire de 1748 (6), s'était même

(1) BALLAINVILLIERS. — *Mémoire sur l'Auvergne*, 1765 (Bibl. de Clermont, Man. n° 520).
(2) *Voyage en Auvergne*, III, p. 233.
(3) AULARD. — *Recueil des actes du Comité de Salut Public*.
(4) Le millier représentait mille livres.
(5) Arch. départ. — C. 6859.
(6) Arch. départ. — C. 6346.

flattée « de devenir l'entrepôt de toutes les marchandises
» du bas Languedoc, de Provence et du Dauphiné, même
» de celles d'Italie, que Brioude peut recevoir dans ses
» magasins pour les embarquer sur l'Allier, au port de
» La Mothe, tant pour la ville de Paris, par le canal de
» Briare, que par la Loire jusqu'à la mer ». Cet exposé,
qui reproduit un désir plutôt qu'une réalité, servait, il est
vrai, à appuyer une demande des habitants de Brioude
pour obtenir que le chemin projeté, de Montpellier en
Auvergne, passât de préférence par leur ville et non par
Saint-Flour. Leurs instances répétées pour faire remonter
la navigation d'Allier jusqu'à leur port, ne pouvaient
aboutir, car la section de Brioude à Brassaget est celle
où la rivière change le plus souvent de lit (1), la plaine de
La Mothe étant fréquemment inondée, au dire de l'ingénieur Mauricet, chargé par l'Intendant de visiter le cours
de l'Allier en 1772, et il faudrait faire des frais considérables pour protéger le port de La Mothe (2).

Mais c'est seulement à Brassac que commençait une
navigation régulière ; encore fallut-il la nécessité d'assurer
le transport des charbons pour décider l'autorité royale
à effectuer, vers 1665, les travaux les plus indispensables
d'aménagement de la rivière, à partir de Brassaget (3).

(1) Arch. départ. — C. 6861.
(2) Arch. départ. — C. 6689.
(3) Fléchier, qui se trouvait alors à Vichy, rend compte de ces travaux, en des vers que l'on a peu de chance de retrouver dans une
anthologie littéraire : « La rivière d'Allier qui serpente dans ce vallon
» et qui porte en cet endroit (Vichy) de grands bateaux, est un des
» beaux ornements de cette campagne. On travaille à la rendre navi-
» gable entièrement, à l'occasion d'une mine de charbon qu'on a trou-
» vée dans les montagnes. »

> Ce fleuve n'est point ramassé
> Dans un lit de juste étendue.
> D'où vient que, souvent à la vue
> Il paraît large en un endroit
> Et dans l'autre il est fort étroit.
> Mais en remontant vers sa source,
> On veut en égaliser la course
> Et rassembler toute son eau
> Pour lui faire porter bateau.

Le tirant d'eau y est encore insuffisant, malgré l'appoint
d'affluents importants, dont le premier, l'*Alagnon*, rejoint
l'Allier à moins d'une lieue en aval de Brassaget, et la
navigation resta toujours des plus difficiles entre ce port
et celui de Pont-du-Château. Sur un parcours de moins de
10 lieues, les obstacles naturels sont accumulés : ce sont
des rochers ou écueils, au milieu d'un courant, dans un
passage resserré ; il faut aux mariniers une grande habitude de la rivière pour éviter ces passes dangereuses, qui
sont fréquentes ; ce sont aussi les plaines où les eaux se
répandent et se ramifient en une multitude de branches,
ce qui diminue le tirant d'eau : telles sont les plaines
d'Orsonnette, de Parentignat, de Mirefleurs, de Cournon, etc. (1). Les ports sont néanmoins nombreux dans
cette section et témoignent des ressources de la région :
ce sont *Brassaget* et *Auzat* où se chargent les charbons,
Gimeaux où l'on construit les bateaux, *Nonette*, *Parentignat*, le port d'Issoire, *Pertus*, en face de cette ville,
mais sur la rive opposée, jusqu'où, affirme le subdélégué
d'Issoire, en 1720, remontent même les bateaux venant
de Pont-du-Château (2), *Brolat*, *Longues*, *Mireffeurs*,
Cournon et enfin *Pont-du-Château* qui fut sans contredit
le port le plus important de l'Auvergne ; l'étendue des
quais maçonnés qui subsistent encore, sont là pour l'attes-
ter. C'est à Pont-du-Château que les bateaux charbonniers, venus de Brassac à la charge de 30 à 35 milliers,
terminaient leur chargement normal, à 40 et même 45 milliers, complétaient leur *assomillage* ou gréement, réorga-
nisaient leurs équipes de conduite et embarquaient des
provisions de route. En outre, Pont-du-Château, port de
Clermont, avait son trafic propre et les bateaux chargés
remontaient la rivière jusque-là, notamment ceux de la
gabelle : ainsi, lorsqu'il fut question, en 1759, de faire

(1) BALLAINVILLIERS. — *Mémoire sur l'État de l'Auvergne* en 1765
(déjà cité).
(2) Archives départ. — C. 6859.

construire à Clermont une salle de théâtre, sur le modèle
de l'Opéra-Comique de Paris, on proposa d'en faire établir la construction à Paris et de la faire transporter à
Clermont par les bateaux qui y conduisaient habituellement le sel (1). La rivière y devenait d'ailleurs navigable
presque en toute saison, sauf aux époques de sécheresse
ou dans le temps des glaces et des débordements ; le trafic
régulier y était assuré pendant 8 ou 9 mois par an, contre
deux périodes de trois chacune, pour la première section,
de Brassac à Pont-du-Château. Ce n'est pourtant qu'à
partir de Joze que la navigation devient vraiment facile :
entre ces deux ports, la rivière s'épand dans une plaine
étendue et il faudrait, dit M. de Ballainvilliers (1765),
contenir et resserrer son lit, par des levées de pierres et
de terre, qui ne coûteraient pas moins de 2 millions ;
malgré l'énormité du prix, cet ouvrage serait néanmoins
sujet à des dégradations journalières. Le projet de M. de
Ballainvilliers ne semble pas même avoir été étudié, non
plus que celui de son prédécesseur, M. d'Ormesson,
qui, en 1698, aurait voulu retenir les eaux des rivières ou
affluents de l'Allier au-dessus de Pont-du-Château, par
des écluses, qui, remplies en temps d'inondation, lâcheraient leurs eaux aux époques de sécheresses.

*

Plus nombreux et plus intéressants furent les projets
qui visaient, non plus à canaliser l'Allier, mais à créer à
côté d'elle et avec l'apport de ses eaux, un canal navigable en tous temps et qui desservirait Clermont. Catherine de Médicis eut la première l'idée de doter sa bonne
ville d'un des plus précieux éléments de la prospérité
d'un pays, et envoya à ses échevins, le 3 avril 1565,
l'ingénieur réputé *Adam de Craponne* « pour assembler

---

(1) Archives départ. — C. 7062.

» et ramasser les eaux et rivières des villes du pays, les
» réduire à deux canaux, pour la commodité des dites
» villes ». Les devis et plans de ce travail furent présentés à l'assemblée du Tiers État du Bas Auvergne qui
remercia la reine, mais trouva que ces canaux porteraient
au pays « beaucoup d'incommodités » (1). Un mémoire
anonyme, adressé à l'Intendant de la province en 1720,
rappelle que le maréchal d'Effiat, surintendant des
finances, aurait, dès 1630, demandé la construction d'un
canal qui commencerait au-dessous du monastère des
Carmes Deschaux de Clermont et aboutirait, soit dans
l'Allier, au-dessous de Pont-du-Château, soit dans la
petite rivière du *Béda* et rejoindrait l'Allier par Maringues. Ce canal aurait 30 à 40 pieds de large, 4 ou 5 de
profondeur, avec 4 ou 5 écluses seulement. On prendrait
les eaux des sources de Royat et de Saint-Vincent de
Blanzat (2). Ce projet du maréchal et sa réédition de 1720
ne sortirent pas du domaine des simples conceptions; il
en fut de même du *plan général* exposé par Vauban, dans
un mémoire de 1699 à 1700, resté inédit dans ses papiers
et publié récemment, où il jugeait que l'Allier pourrait
être accommodée, malgré son cours impétueux, jusqu'à
Brioude et même plus haut. Il est certain que la question
ne cessa de préoccuper les esprits éclairés et soucieux du
bien public : le défaut de fonds en empêcha toujours la
réalisation, ainsi que l'explique le chanoine Audigier (3) :

(1) A. VERNIÈRE. — *Les voyageurs et les naturalistes dans l'Auvergne
et le Velay.* (Revue d'Auvergne, 1899.)
Les habitants du bas pays d'Auvergne ne semblaient pas goûter les
bonnes intentions, à leur égard, de leur protectrice : Celle-ci se plaint,
par une lettre du 28 décembre 1579 aux échevins de Clermont, de l'opposition du pays à la construction d'un pont en pierre sur l'Allier, au
lieu de *Longues* « tant commode et utille pour tout le païs » et dont elle
avait fait dresser une maquette en bois, mais la reine était plus pro-
digue de conseils que d'argent et il faut voir dans la question financière le motif de l'opposition des intéressés. (Archives de la Cour de
Riom. Dossier Boniface.)
(2) Archives départ. — C. 6948.
(3) *Histoire d'Auvergne*, I. p. 233.

« On ne peut guère rendre la rivière propre à porter
» bateau toute l'année qu'en resserrant son lit depuis
» Mirefleurs jusqu'au-dessous de Vichy, ce qui serait
» d'une très grande dépense et apparemment ne se fera
» jamais. Pour les grands réservoirs d'eau que l'on pourrait
» faire par le moyen des petits ruisseaux qui se déchar-
» gent dans cette rivière, dont on lâcherait les écluses
» pour y faire couler ces eaux enfermées, quand elle en
» manque, outre qu'il n'en coûterait pas moins pour le
» faire que pour rendre son lit plus étroit; on ne sau-
» rait y réussir qu'en prenant des terres d'une grande
» étendue qui ruineraient une infinité de particuliers...
» Il serait plus sûr de faire un canal depuis le pied de
» Gergovia jusqu'à l'endroit où la Sioule se rend dans
» l'Allier, pour transporter par là tous nos fruits et nos
» vins. »

Il faut arriver au XIXe siècle pour que les projets se
multiplient et surtout se précisent; nous nous bornerons
à les citer, car ils contiennent, en germe, l'étude actuel-
lement en cours, que l'on voudrait espérer définitive et
décisive.

Projets de l'ingénieur Cordier *(Histoire de la navigation intérieure, 1819)*; étude complète de M. Baudet-
Lafarge *(Quelques observations sur le projet du canal
latéral à l'Allier, 1827)*. La Chambre de Commerce de
Clermont ayant chargé l'un de ses membres de lui présenter la question, celui-ci, M. Blanc, déposa en avril 1827
un rapport des plus complets et des plus favorables sur
la question; la Chambre de Commerce approuva ses conclusions et accepta l'avant-projet détaillé de l'ingénieur
Méry, en 1828. Le Conseil général, dans sa session du
mois d'août 1827, n'avait pas statué, influencé par son
rapporteur, M. Lamy, dont les conclusions faisaient res-
sortir le chiffre élevé des frais d'établissement. En 1831,
Devèze de Chabriol *(Navigabilité de l'Allier.* Bibl. Clermont, man. 715), abandonnant l'idée d'un canal com-

plet, propose simplement l'établissement d'une rase navigable, de l'Allier à Clermont. Blanc revient à la charge en 1837 et fait de nouveau publier son rapport qu'il fortifie d'arguments nouveaux; il est soutenu par Brosson qui publie les opuscules : *De la navigation de l'Allier et d'un canal latéral*, mai 1837; *Des voies de communication dans le bassin de l'Allier, 1842.* Mais les chemins de fer apparaissent, sollicitant toute l'attention et absorbant tous les crédits : il semble que l'échec soit devenu définitif, car l'ouverture de la ligne de Clermont à Nimes ne tarde pas à ruiner complètement la batellerie d'Allier et des esprits éclairés ont pu croire que des projets de creusement d'un canal à travers la Limagne auraient de moins en moins de chances de succès (1); tel n'a pas été l'avis de la Chambre de Commerce de Clermont, qui, remettant la question à l'étude, provoqua le remarquable rapport qui lui fut présenté le 8 août 1890, par M. Jouve, l'un de ses membres. L'idée simplement assoupie s'est réveillée, fortifiée par les nécessités actuelles et aboutira à une complète réalisation, malgré quelques oppositions intéressées et les difficultés de l'heure présente.

Si jamais aucun travail important ne fut entrepris, soit pour la construction d'un canal, soit pour la canalisation de la rivière elle-même, il n'est pas exact de dire que la navigation fut abandonnée à tous les risques d'un cours capricieux. Déjà, en 1435, les Etats de la Basse-Auvergne avaient voté une somme de 600 livres à appliquer à l'amélioration du lit de l'Allier, aux environs de Maringues (2) et un mandement donné par François Ier à Amboise, le

(1) GOBIN. — *Essai de géographie de l'Auvergne,* 1896. Clermont.
(2) MANTELIER, *ouvrage cité.*

1er février 1518, enjoint aux bailli, châtelain et prévôt de
Montferrand de procéder à la visite de l'Allier et de s'en-
quérir si on pouvait la rendre navigable d'Issoire à Pont-
du-Château (1). Il semble bien cependant que la *Communauté des marchands* qui, à cette époque, faisait remonter
ses bateaux jusqu'à Joze, ait été seule à assurer la sécurité
de la navigation, comme le prouve une transaction qu'elle
passait, le 1er juin 1519, avec le marquis de Pont-du-
Château, où elle s'engageait à faire tous les frais d'entretien de la rivière, dans le ressort de la justice de ce seigneur, allant du port de Joze à celui de Pont-du-Château ;
le seigneur renonçait à tout droit de péage sur la rivière,
se réservant seulement ceux sur les marchandises allant
au port ou en venant. Ce contrat fut renouvelé à plusieurs
reprises, en 1597, 1689, 1718 (2). François I** accorda
même à la Compagnie un privilège plus étendu et lui
permit, par sa lettre de février 1533, « de lever sur les
» denrées et marchandises transportées par les dites
» rivières, certaines aides déterminées, pour employer les
» deniers en provenant à leurs affaires communes » (3).
Il était juste que la Société assumant seule les frais d'entretien et de police de la rivière (on a vu qu'elle avait à
cet effet établi des agents dans tous les ports importants),
ceux qui en bénéficaient, qu'ils aient fait partie ou non
de la Compagnie, dussent alimenter de leurs deniers la
« *boëlle* » destinée à subvenir à ces charges. Le droit était
de 8 sols par train de bois et de 3 sols par millier de
charge des bateaux (4). L'Intendant imposa même à cette
boëlle partie du coût des travaux d'aménagement de la
rivière, terminés en 1669, pour faire remonter la navigation jusqu'à Brioude (5) et Colbert eût voulu que cette

(1) Extrait du catalogue des actes de François I**, n° 16587.
(2) Bibliothèque de Clermont. Série Auvergne, n° 718.
(3) Catalogue des actes de François I**, n° 20543.
(4) Arch. départ. — C. 6860.
(5) Bibliothèque de Clermont. Série Auvergne, n° 713,

navigation partît même de plus haut, car par sa lettre du
30 octobre 1682, il chargea l'ingénieur Mathieu d'étudier
le projet et de lui soumettre le résultat de ses travaux (1).

L'importance de la *Communauté des marchands d'Orléans* (c'est sous ce nom qu'est plutôt connue la Société
des marchands fréquentant la Loire et affluents, dont le
siège se trouvait en effet à Orléans) diminue de jour en
jour, en même temps que s'accroît le nombre des petits
entrepreneurs de transport par eau; aussi la Société né-
glige-t-elle de plus en plus le balisage de la rivière, bien
qu'elle continue toujours à percevoir ses droits de *boëtte*,
dont elle fait constamment renouveler le privilège jusqu'en 1757. A cette époque, les plaintes contre cette
négligence deviennent très vives : les marchands *voituriers
par eau* de Brassaget affirment, le 20 décembre 1757,
dans leur lettre à l'Intendant de la province, que de
Brassac à Pont-du-Château, la rivière n'est plus l'objet
d'aucun entretien, les baliseurs y passent une fois tous
les dix ans et se bornent à couper quelques arbres; bien
qu'astreints à payer leurs redevances à la *boëtte*, ils ont
dû se cotiser entre eux et constituer une nouvelle bourse,
pour effectuer les travaux qui incombent à la Compagnie.
Justement ému de ces plaintes, dont il put vérifier le bien-
fondé, l'Intendant obtint du Conseil d'Etat un arrêté du
29 avril 1764, qui supprima le droit de *boëtte* et prescrivit, à l'avenir, d'effectuer les travaux de balisage avec
les fonds des *Turcies et levées*, l'Intendant devant seul
avoir, dorénavant, la connaissance de tout ce qui inté-
resse « le balisage et nettoiement de la rivière ». La Compagnie des marchands elle-même ne tarda pas à disparaître et fut dissoute par édit royal de décembre 1772 (2).

Malgré l'étendue du privilège accordé à la communauté
des marchands, les Intendants ne s'étaient pas tout à fait

(1) *Correspondance de Colbert* (Dans l'*Auvergne historique*, 1913).
(2) **Archives départementales. — C. 6860.**

désintéressés de la police de la navigation ; appliquant à
la Loire et l'Allier les règlements généraux sur la matière,
ils avaient provoqué, pour ces fleuves spécialement, la
déclaration du roi du 24 avril 1703 et l'arrêt du Conseil
d'État du 21 juin 1777 portant : défense de barrer complètement la rivière, les moulins et pêcheries, devant
laisser aux bateaux un libre passage de 8 toises, au
plus profond de l'eau (1) ; défense de planter des pieux
dans le lit de la rivière ; les arbres encombrant ce lit seront
enlevés par les riverains, faute de quoi l'administration
procédera elle-même à cet enlèvement « aux dépens de la
chose même et des propriétaires » ; défense de tirer du
sable à six toises près du bord ; défense de jeter à la rivière
des gravats, pailles ou fumiers ; les voituriers pourront y
faire circuler leurs bateaux tous les jours, même fériés, à
l'exception des fêtes de Noël, Pâques, Pentecôte et Tous-
saint ; défense d'enlever les balises jalonnant le cours ; en
cas de naufrage hors la faute du voiturier, celui-ci a trois
jours pour abandonner son bateau et il ne pourra plus
alors être poursuivi pour perte de sa marchandise ;
défense aux voituriers, pendant la route, de *se mettre
en fosse* (2) et séjourner lorsque la rivière est en état de
navigation. Enfin, les riverains doivent laisser un chemin
de 24 pieds de large, du côté où se fait le halage et de
10 pieds de l'autre côté, sous peine de 500 livres d'a-
mende (3). Enfin, le 23 juillet 1783, intervient un *règlement général* concernant la Loire et l'Allier, dont la navigation remonte à Vieille-Brioude. Les dispositions de
l'arrêt s'étendent non seulement aux rivières, mais encore
à ses affluents « dans toute l'étendue de leur cours qui
» pourra intéresser le bien du flottage et de la naviga-

---

(1) L'arrêt de 1777 interdit même toute construction de moulin, vanne,
pertuis, sous peine de 1.000 livres d'amende et enjoint aux propriétaires
d'ouvrages existants de produire leurs titres.

(2) Jeter l'ancre.

(3) Archives départ. — C. 6859 et 6860.

» tion »; la police en est confiée aux ingénieurs des *Turcies et levées*, qui fixent les travaux à exécuter, marquent les arbres à couper par les propriétaires riverains. Un bateau monté par un *patron juré* vient ensuite, avec son équipage de mariniers et d'ouvriers, munis d'outils et d'engins nécessaires, qui, descendant lentement la rivière, la sondent, coupent les arbres désignés, enlèvent tout ce qui gêne la navigation et le halage et enfin plantent des perches ou balises qui indiqueront aux mariniers la route à suivre. Quant aux travaux importants à effectuer, ils sont confiés à des entrepreneurs spéciaux, après devis et marchés. Ces règlements généraux restèrent en vigueur jusqu'au moment où la navigation de l'Allier ayant à peu près cessé, les équipes de baliseurs furent dissoutes (1).

Régulièrement, la rivière était visitée par des ingénieurs compétents, dont les procès-verbaux attestent la vigilance (2), jusqu'à l'époque où le Directoire du département se substitua à l'Intendant provincial. Tout d'abord, la désorganisation des services et la pénurie financière eurent une fâcheuse répercussion sur l'entretien de l'Allier, dont les travaux, confiés en 1790 à un entrepreneur plus ou moins surveillé par l'ingénieur du Département, furent mal exécutés, malgré le crédit de 12.000 livres qui y fut affecté. Le Directoire désigna alors le citoyen Feuillant, marchand voiturier par eau à Brassac, membre élu en 1791 du Conseil du Département, pour surveiller ces travaux. Feuillant manquait de compétence et sa négligence, qui confiait à des sous-ordres peu scrupuleux les sommes importantes mises à sa disposition par le Département, suscita les plaintes des mariniers; l'organisation de son service était d'ailleurs des plus onéreuses, comme on pourra s'en convaincre. Trois équipes de baliseurs étaient formées

____

(1) Archives départ. — C. 6861 et 6862.
(2) Archives départ. — C. 6864 et suivants.

chaque année, à la saison des basses eaux, affectées
à trois secteurs indépendants : 1° de Brassac à Pont-
du-Château (la section de Brioude-Brassac avait été
abandonnée, comme trop onéreuse d'entretien); 2° de
Pont-du-Château à la limite du Département; 3° équipe
de la Dore. Chacune d'elles, composée de 13 à 18 ouvriers, avait à sa disposition un grand bateau avec
cabane en planches pour le logement, muni de cabestan,
fers, cordes, outils, ustensiles et provisions de bouche
pour une campagne de 40 à 50 jours, ainsi qu'une
grande *toue* et un petit *bachot* pour la pêche. Alors que
le salaire des mariniers d'Allier était de 3 livres 6 sols,
Feuillant payait ses ouvriers 6 livres par jour et chaque
équipe consommait 87 pots de vin ; un boulanger d'Issoire alimentait la première équipe de pain frais, qu'il
conduisait chaque jour au point désigné et les autres
vivres frais s'achetaient à la localité la plus proche. Un
ingénieur, accompagné d'un maître et de deux mariniers, avait au préalable inspecté la rivière et indiqué
aux baliseurs les travaux à effectuer (1). En fin de campagne, c'est-à-dire après moins de deux mois d'usage,
les bateaux que l'on avait achetés neufs 660 livres l'un,
étaient revendus 360 livres à peine. Après deux ans de
ce régime, les administrateurs se rendirent compte enfin
du gaspillage des finances départementales et cédant aux
sollicitations des intéressés qui ne cessaient de signaler
le mauvais entretien de la rivière confié, non aux mariniers, gens de métiers intéressés à la bonne exécution
des travaux, mais à des charpentiers que personne, au
surplus, ne surveillait, ils réorganisèrent le service du
balisage, dont la direction resta confiée à Feuillant.
L'arrêté du 16 thermidor an II (15 août 1793) établit une

---

(1) L'Ingénieur mettait deux jours à accomplir sa mission. Partie de
Brassac après déjeuner, l'équipe « buvait un coup » à Auzat, goûtait
au Breuil, goûtait de nouveau à Parentignat, soupait et couchait à
Issoire. On arrivait le lendemain soir à Pont-du-Château après les
étapes obligées.

seule équipe pour tout le département, composée de
15 mariniers, sous la direction d'un maître charpentier,
avec un bateau de haut bord ponté ; pour le cabestan, un
bateau ordinaire pour le logement des équipages, une
petite *toue* pour le transport des pierres, arbres, etc., et
enfin un petit bachot (1) : il fut prescrit à l'ingénieur de
visiter le travail des baliseurs, au moins une fois par décade
et de s'assurer s'ils avaient bien enlevé les arbres, troncs,
fait sauter à la mine les rochers, dragué les bancs de sable
qui obstruaient le cours de la rivière, entretenu les
digues, etc. Malgré ces nouvelles dispositions et pendant
quelques années encore, le balisage ne s'effectua pas
toujours régulièrement, faute de fonds et il fallut les
plaintes répétées des navigateurs pour obtenir les crédits
indispensables (2).

Lorsque l'administration des Ponts et Chaussées fut
organisée, le service du balisage lui fut entièrement confié
et elle continua d'entretenir le cours de l'Allier, dans des
conditions identiques, jusqu'en 1875 ; après cet abandon,
quelques bateaux chargés de pommes, de plus en plus
rares chaque année, devaient néanmoins continuer la
navigation jusqu'en 1880.

Aux obstacles que la nature se plaisait à accumuler dans
le haut bassin navigable de l'Allier, venaient s'ajouter
ceux, non moins gênants pour la navigation, que les intérêts des riverains, les privilèges féodaux ou simplement
la malice des hommes, dressaient sur la route des mariniers.

---

(1) Le tout coûta 3.850 livres et l'on compléta, au prix de 1.200 livres,
le matériel, câbles, outils, que l'on avait pu conserver de la précédente
campagne.

(2) Archives départ. — Série L. *(Administration Centrale)*, n° 1871,
1872, 1873, 1874.

De la Bajasse, en amont de Brioude, jusqu'à Pont-du-Château, aucun pont ne gênait autrefois la navigation ; par contre, les bacs y étaient nombreux et rapprochés (1). C'étaient, avant la Révolution, ceux de *Fontanes*, appartenant au chapitre de Brioude; de *La Mothe*, à M. de Montchal; d'*Alevier*, au prévôt du chapitre de Brioude; de *Chappe*, aux habitants d'Auzon; d'*Albine*, au sieur de Moras; de *Brassac*, à la communauté des habitants de Brassac; du *Théron*, au seigneur d'Auzat qui en affermait le produit 50 livres par an (2); d'*Orsonnette*, de *Nonette*, à M. de la Boulaye; des *Pradeaux*, de *Parentignat* et de *Pertus*, au marquis de Sieujac; de *Saint-Yvoine*, au président de Lamoignon; de *Coudes-Montpeyroux*, aux religieuses du Bouchet; de *Longues* ou des *Martres*, aux bénédictins de Sauxillanges; de *Mirefleurs*, au duc de Bouillon; de *Cournon*, à M. de Strada, etc.

Les propriétaires riverains, pour protéger leurs terrains des empiétements de la rivière, construisaient des épis faits de pieux enfoncés, réunis par des branches et garnis de blocs de pierre, qui constituaient de sérieux dangers pour la navigation (3); les mariniers, en passant, ne se faisaient pas faute de détériorer ces ouvrages; aussi les plaintes, de part et d'autre, étaient incessantes et les

---

(1) Le pont de la *Bajasse*, très ancien, fut réparé en 1712, rendu praticable aux voitures légères et soumis à un droit de péage au profit du duc d'Orléans. (Arch. départ. C. 6453.) Sa reconstruction, en 1749, par les soldats du régiment de Salis-Grisons, dura 9 ans et coûta 893.007 livres. (Arch. départ. C. 6455.) Il fut emporté par les eaux dans la nuit du 27 septembre 1783 et sa reconstruction immédiatement entreprise. A ce moment, un sieur Le Comte adressa à l'Intendant le devis d'un pont en fer, « invention simple, économique, facile, rapide et solide au suprême degré », qui ne fut pas accepté. (Arch. départ. C. 6456.)

La reconstruction du pont de Pont-du-Château, projetée en 1738, fut adjugée le 10 janvier 1763, à Germain Rambeaux, au prix de 308.000 livres. (Arch. départ. — C. 5439.)

(2) Les habitants d'Auzat et villages voisins ne payaient aucun péage, mais devaient fournir le chanvre nécessaire à l'entretien des cordages, chanvre que le batelier allait quêter chaque année. (Archives notariales.)

(3) Arch. départ. — C. 1874.

représailles continuelles (1). Les paysans d'Auzat, las de se plaindre à l'Intendant des déprédations des mariniers qui, disaient-ils, dévastaient leurs vignes, avaient, en 1784, coupé le chemin de halage, au passage encaissé du *Saut-du-Loup*, en taillant le rocher sur dix pieds de hauteur (2).

Mais le plus grand obstacle, cauchemar des navigateurs du Haut-Allier sous l'ancien régime, fut sans contredit la *pélière* de Pont-du-Château.

Les seigneurs riverains, propriétaires de la rivière elle-même, à une époque où elle n'était pas encore navigable, l'avaient barrée, pour y établir des moulins, des échelles, où ils pratiquaient la pêche au saumon, ou tout simplement dans la suite pour en retirer un péage des bateaux passant par une étroite ouverture, ce qui n'était pas sans danger pour eux. A *Coujeac*, le chapitre de Brioude avait établi une digue de ce genre (3). Les seigneurs de Brassac avaient tenté pareil ouvrage, qui, emporté en 1709, ne put être rétabli, faute de pouvoir trouver un sol solide (4). Le duc de Bouillon en avait une, en face de Mirefleurs (5). Mais ces établissements, peu importants, gênaient peu la navigation et furent de courte durée. Il n'en fut pas de même de la *pélière* de Pont-du-Château, que les récriminations des marchands, les sinistres journaliers qui s'y produisaient, ne purent faire abattre, car l'autorité de l'Intendant se heurtait à des droits acquis et à l'influence de seigneurs tout-puissants (6); le gouvernement révolutionnaire lui-même se montra hésitant et ce fut la fureur populaire seule qui parvint à démolir cette barrière féodale. Cette digue constituait primitivement un barrage

(1) Arch. départ. — C. 6870 à 6880.
(2) Arch. départ. — C. 6860.
(3) Arch. départ. — C. 6870.
(4) Arch. départ. — C. 5010.
(5) Arch. départ. — C. 6869.
(6) Un des seigneurs de Pont-du-Château fut le fameux marquis de Canillac, l'homme aux *douze apôtres*, condamné à mort par les Grands Jours de Clermont, en 1665.

complet de la rivière, destiné à faire refluer l'eau dans des coursières qui la menaient aux moulins du seigneur et à arrêter les saumons qu'il y pêche. En 1668, époque où commence l'exploitation des mines de Brassac, le marquis de Pont-du-Château, sollicité par les marchands et grâce à la médiation de M. de Fortia, Intendant d'Auvergne, consentit à donner un passage à travers sa digue, sous la condition qu'on lui paierait 10 sols pour chaque bateau qui y passerait, afin de le dédommager du chômage des moulins et de la diminution des produits de la pêche du saumon. Cette convention fut homologuée par arrêt du Conseil de 1671. En 1691, le marquis obtint que la taxe fût augmentée et portée à 30 sols par bateau (1). Enhardi par ce succès et à la suite de la destruction complète de la pélière par les glaces, et sans se préoccuper des dangers qu'il pouvait faire courir aux bateliers, il imagina d'élever la digue d'un tiers, pour empêcher qu'aucun saumon ne pût la franchir et pour mettre six tournants à son moulin, qui n'en avait que trois auparavant (2). La pélière était alors composée d'une file de gros pieux, fichés dans des trous creusés dans le rocher qui forme le lit de l'Allier, à cet endroit, soit à 70 mètres environ du pont qui a donné son nom à la ville. A peu près au milieu de cette file de pieux qui barrait complètement la rivière, on avait ménagé un *pertuis*, ou passage pour les bateaux, « ouvrage d'un paysan mal éclairé, plutôt que d'un ingénieur », fermé de perches garnies de paille et de fumier. Dès qu'un certain nombre de bateaux sont rassemblés, on ouvre le passage en enlevant les perches une à une, ce qui dure plus d'une demi-heure ; une chute se forme alors, d'une hauteur de six à dix pieds dans les fortes eaux : l'avant du bateau qui s'y engage, reste en l'air jusqu'à ce que son poids l'ait emporté sur celui de l'arrière. Ce

(1) Arch. départ. — C. 6872.
(2) Arch. départ. — C. 6875.

défaut d'équilibre rompt les bateaux et sur 12 qui passent, il y en a toujours 6 ou 7 qui prennent coup; ceux qui n'étaient pas partagés en deux, entraînés par la rapidité du courant, allaient le plus souvent se heurter aux rochers qui sont vis-à-vis, dans le lit même de la rivière (1). En 1702, les marchands engagent contre le marquis une instance qui, comme tous les procès de cette époque, s'éternisa, renvoyée de juridiction en juridiction : Parlement, Commission des péages, Conseil du roi...; en 1719, ils refusent une transaction que leur offrait le marquis, de supprimer une partie de la digue, laissant ainsi la navigation libre, à la condition que chaque bateau paierait un droit de péage de 3 livres, augmentation insensible, affirmait-il, car les bateaux pourraient être chargés davantage (2). En 1731, aucune solution n'était encore intervenue et le marquis de Pont-du-Château opposait aux intérêts des marchands, qui chaque année expédiaient seulement 1.100 bateaux chargés de charbon et 100 de fruits ou de chanvre, ceux de la ville de Pont-du-Château et des paroisses voisines dont ses moulins assuraient seuls la subsistance. Enfin intervint, le 27 avril 1737, un arrêt du Conseil d'État qui, pour concilier les parties, prescrit au propriétaire de la *pêlière* certains travaux qui devaient améliorer le passage (3); puis comme ce dernier ne s'exécutait pas, un nouvel arrêt du 15 avril 1780 ordonna la destruction complète de la digue, si les travaux précédemment prescrits n'étaient pas effectués de façon à permettre la liberté de la navigation, dès juillet 1739. Le marquis consigna alors 4.090 livres, somme à laquelle avaient été provisoirement évalués ces travaux, qui, en 1740, n'étaient même pas fixés, car les autorités compétentes n'avaient pu se mettre d'accord sur les projets et

(1) M. de Ballainvilliers, *Mémoire cité.* — Arch. départ. C. 6872.
(2) Arch. départ. — C. 6875.
(3) Arch. départ. — C. 6873.

devis qui furent présentés (1). Un nouvel ingénieur fut pourtant commis et les travaux qui devaient être exécutés, partie aux frais du seigneur, partie aux frais de la Compagnie des marchands, furent adjugés, le 31 mars 1741, au prix de 14.200 livres : la consignation versée par M. de Pont-du-Château était insuffisante et l'on fit saisir ses revenus, pour parfaire la somme mise à sa charge. N'ayant plus personnellement aucun moyen de recours, il tenta de faire former opposition à l'exécution des travaux, par les paroisses voisines, mais le ministre Orry ne se laissa pas prendre à cette ruse grossière et il manda à l'Intendant de « tancer vertement les syndics de ces paroisses, pour leur enlever l'envie d'entreprendre un procès de ce genre (2) ». En même temps, l'Intendant Trudaine faisait adjuger les travaux à exécuter au lit de la rivière, en dehors de la digue, et on l'informait, à la date du 3 octobre 1741, que le passage du pertuis venait d'être terminé, permettant désormais aux bateaux de passer sans danger (3). Ce passage consistait en un canal de 15 toises de long, sur 18 pieds de large, constitué par deux bâtis de charpente s'appuyant à la *pélière ;* la chute de l'eau étant allongée, il se formait ainsi un glacis sur lequel les bateaux passaient aisément et M. de Ballainvilliers, successeur de M. Trudaine, constate qu'il n'arrive plus maintenant d'accident.

La navigation s'accrut aussitôt, stimulée par cette facilité et le marquis de Pont-du-Château dut reconnaître qu'il avait eu grand tort de s'opposer à l'exécution de travaux, qui eurent pour effet de doubler presque le produit de ses péages, sans nuire en rien aux autres revenus de la *pélière.* Ces péages qui, avant les réparations, lui procuraient de 14 à 1.500 livres de revenus, furent affermés 2.100 livres en 1765 et à ce moment, la pêche du saumon

----

(1) Arch. départ. — C. 6874.
(2) Arch. départ. — C. 6876.
(3) Arch. départ. — C. 6877.

et les moulins lui rapportaient, par an, respectivement
13.000 livres et 3.600 livres. La pélière emportée de nouveau en 1766, son propriétaire n'hésita pas cette fois à la
faire reconstruire dans les meilleures conditions, sur un
devis de 72.000 livres, dont il paya seulement le tiers; la
cassette royale fit un autre tiers et le surplus fut imposé
sur la taille des habitants de la province (1). On s'éton-
nerait aujourd'hui, à juste titre, qu'un pareil travail
effectué dans le but de procurer de gros revenus à un
seigneur, fût ainsi mis pour les deux tiers au compte de
de la collectivité, à qui elle occasionnait plus de charges
que de profits.

La nouvelle *pélière*, dont le plan est aux archives départementales (2), solidement accrochée aux rochers de la
rive et à 5 toises en aval du pont, était entièrement en
maçonnerie; à son extrémité Est elle était ouverte pour
une échelle à poissons servant à la pêche au saumon; à
l'autre bout étaient les moulins à six tournants et en face
d'eux une longue écluse donnait passage aux bateaux.
Cette écluse, qui avait supprimé les dangers de la navigation, était loin de suffire aux exigences légitimes des
voituriers par eau : il fallait en effet 50 minutes à chaque
bateau pour la franchir et les frais que ces retards occa-
sionnaient ne se bornaient pas seulement à une perte de
temps pour les équipages, mais surtout aux risques qu'un
long stationnement pouvait faire courir : abaissement des
eaux, ou au contraire crues violentes, gelées d'hiver qui
peuvent atteindre les fruits en bateau; aussi portent-ils de
nouveau leurs plaintes devant l'assemblée provinciale de
1788, mais ils se sont enhardis et ils demandent maintenant la suppression complète de la *pélière* (3), puis à
l'Assemblée Constituante, où Gautier de Biauzat se fit leur
défenseur. Profitant de la discussion du projet d'abolition

1 Arch. départ. — C. 6879.
(2) Arch. départ. — L. 1875.
(3) *Rapport lu à la séance du 3 décembre 1787.* (Arch. départ. 4. C. 21.)

de certains droits féodaux, à la séance du 9 mars 1790, il
présenta un amendement, tendant à la suppression de la
pélière de Pont-du-Château, qui ne fut pas accepté, mais
simplement renvoyé au Comité du Commerce. Nullement
rebuté par l'échec, le dévoué représentant organisa, dans
toutes les communes riveraines du Haut-Allier, un vaste
pétitionnement, fit lever des plans, étudier sur place les
objections formulées par les communes intéressées au
maintien de la pélière, mais sans succès, puisque l'Assemblée, dans sa séance du 23 avril 1791, ajourna la discussion
du projet, laissant à la prochaine Assemblée Législative
le soin d'étudier la question qui ne devait pas être résolue
législativement (1). Le Conseil général du Puy-de-Dôme
n'était pas resté inactif, de son côté, et dans sa séance du
10 novembre 1790, il avait chargé son président de solli-
citer de l'Assemblée Nationale un décret de destruction
de la *pélière,* « comme un ouvrage contraire à la liberté
» du commerce et destructive de la prospérité du dépar-
» tement ». On avait allégué, il est vrai, pour son maintien, l'utilité des six moulins alimentés par cette digue
et qui desservaient 20 communes; mais rien ne pouvait
empêcher ces communes de s'approvisionner aux moulins de la Dore, de la Morge et du ruisseau de Royat;
d'ailleurs, les droits féodaux et douanes intérieures viennent d'être supprimés, pourquoi maintenir ceux-ci ? L'intérêt de 20 communes ne peut s'opposer à la prospérité
de tout un pays (2). Désespérant d'obtenir l'autorisation
législative, l'Assemblée départementale, dans sa séance
du 9 décembre 1791, ordonna la démolition de la pélière,
mesure qui ne fit que sanctionner un état de choses
accompli, car les intéressés avaient déjà procédé révolu-
tionnairement à cette destruction (3), qui fut achevée du
8 juillet au 20 octobre 1793, sous les ordres de Feuillant,

(1) Voir MÈGE : *La Vie et la Correspondance de Gautier de Biauzat.*
(2) Arch. départ.   I., 1874.
(3) LEGRAND D'AUSSY. — *Voyage en Auvergne*, III, p. 179.

commissaire nommé par le Département, au prix de
5.886 livres 17 sols pris sur les fonds du balisage. Le
Ministre de l'Intérieur dut approuver les mesures exécu-
tées, tout en protestant contre l'abus d'autorité du Conseil général : « Je ne puis qu'approuver les motifs qui
» vous ont porté à supprimer des droits insultants à des
» hommes libres, mais vous pouviez opérer cette sup-
» pression sans détruire la pélière de Pont-du-Château,
» qui aurait été utile à la République (1). »

Les douanes intérieures, que la Révolution supprima,
avaient aussi de tous temps pesé lourdement sur le commerce fluvial.

Une ordonnance de Louis XII, du 12 janvier 1461, avait
déjà imposé des péages aux marchandises passant par la
Loire et affluents, puis des lettres patentes du 27 mai
1505 avaient aboli tous ces péages sur les marchandises
et bateaux d'Allier (2).

Le chanoine Audigier nous raconte (3) à la suite de
quelles circonstances et grâce à quelle incohérence gouvernementale l'Auvergne fut isolée commercialement du
reste de la France. Louis XIII voulut, en 1622, établir des
droits de douane sur les marchandises entrant d'Espagne
en Languedoc ; le commerce était important entre les
deux pays, aussi les Languedociens s'opposèrent à cet établissement. Le roi, par une déclaration signée à Cognac,
laissa le Languedoc librement commercer avec l'Espagne,
mais isola cette province du reste du royaume et établit
des tarifs douaniers entre le Languedoc et l'Auvergne.
M. de Mesgrigny, intendant de cette dernière province,
trouvant des difficultés à installer des bureaux dans la
région montagneuse, les établit à la sortie de l'Auvergne,
c'est-à-dire à Gannat, Vichy et Montluçon, promettant à
ses administrés qu'on y ferait payer seulement les mar-

(1) *Lettre du 2 pluviôse an II.* Arch. départ. — L. 1871.
(2) J. REYNAUD. — *Éphémérides d'Auvergne.*
(3) *Histoire d'Auvergne*, I, 232.

chandises venant du Languedoc; promesse illusoire, car
le fisc ne tarda pas imposer tous les produits au passage,
tant à l'entrée qu'à la sortie. Vainement les Auvergnats
protestèrent et les voituriers par eau joignirent à ces
plaintes des doléances d'une autre nature; les vins et les
pommes emportés sur bateau assez tardivement, vers la
mi-novembre, après de nombreuses traverses, sont encore
arrêtés à Vichy, où les commis de la douane les retiennent
plus que de raison, pour régler les droits; la crue passe
et il faut en attendre une autre pour repartir, au bout
d'un mois, six semaines parfois; les bateaux trouvent
alors le canal de Briare gelé. On juge des pertes et des
dégâts qui peuvent en résulter; vaines protestations Non
seulement les bureaux furent maintenus, mais on en créa
d'autres entre l'Espagne et le Languedoc et c'est à peine
si quelque modération fut apportée en faveur des charbons
de Brassac. Un nommé Benoit du Vert, bourgeois de
Paris, sous prétexte qu'il avait rendu navigable, à grands
frais, l'Allier, depuis le port de La Mothe, et ouvert des
mines de charbon à Sainte-Florine, obtint, par arrêt du
29 juillet 1669, décharge du droit de *traites foraines* qui
se levaient à Vichy et réduction à 25 livres par bateau,
du droit de passage du canal de Briare; un arrêt du
27 juin 1762, donné à Saint-Germain, étendit les mêmes
avantages à tous les charbons transportés des mines de
Brassac. La situation ne s'était pas améliorée dans la suite
et le procès-verbal de la première réunion de l'Assemblée
provinciale, tenue à Clermont le 8 novembre 1787, contient
un tableau saisissant des déboires et des frais qui para-
lysent le commerce local. Le bateau, qui a déjà payé à
Pont-du-Château 1 livre 1/2 de péage, arrive à Vichy où
il paye un écu s'il transporte du charbon, mais s'il est
chargé de vins, les visites des suppôts de la ferme se multiplient : le *vérificateur* et le *courtier-jaugeur*, dont les
intérêts sont identiques, font séparément leur contrôle.
Bien que les marchands soient tenus de faire eux-mêmes

leur déclaration, tout est visité au détail, jaugé, inscrit ; après quoi le marchand doit se présenter humblement *au controleur* et le prier de vouloir bien donner son acquit. Ces formalités sont longues et parfois 200 bateaux se trouvent arrêtés à la fois ; mais l'ingéniosité de la ferme sait tirer de nouveau profits de ces retards : en effet, la crue passe durant ces opérations volontairement prolongées et pour pouvoir continuer sa route, le voiturier doit *alléger* ses bateaux et en répartir le chargement sur de nouveaux bateaux, que la ferme possède à Vichy et lui vend très cher ; il n'est pas jusqu'aux mariniers supplémentaires qu'il est obligé de prendre, qui ne profitent de la circonstance, se faisant payer le double du gage ordinaire. A *Chazeville*, droit de péage de 4 sols au seigneur ; à *Moulins*, 40 sols, pour tout chargement venant d'au delà de Vichy ; à *La Charité*, différents seigneurs perçoivent encore des droits, indépendamment, si c'est du vin, d'une taxe à la ferme de 30 sols par pièce ; à *Cosne*, le receveur de l'octroi, plein de confiance en la perception de son collègue de La Charité, met son vu au dos de l'acquit, exige la somme qui lui plaît et se garde d'en donner quittance ; à *Briare*, on paye encore 30 sols par pièce de vin ; à *Montargis*, autant ; à *Nemours*, 4 livres par bateau ; à *Melun*, 34 à 35 livres par cent pièces de vin, plus un nouveau droit de courtage et de jauge de 4 livres par vingt pots, plus encore 9 livres par bateau qui passe sous le pont ; à *Corbeil*, nouveau péage de 17 à 18 livres pour cent pièces ; enfin, à *Paris*, 9 à 10 livres par bateau, de droit de place dans le port. En résumé, un « *francillon* » de vin de 20 pots, qui s'achète en Auvergne, fût compris, 30 livres, voit son prix quintuplé en arrivant à Paris : il a coûté 13 livres de transport et de petits péages, 3 livres de déchet, 2 livres de différents frais, 8 livres de douane jusqu'à Vichy et enfin 66 livres de droit, de ce point à Paris (1).

(1) Arch. départ. *Assemblée provinciale*. 4. C. 21-24.

La Révolution abolit la plus grande partie de ces péages et il ne s'en perçut plus un seul en amont de Moulins, jusqu'à la loi du 9 juillet 1836 et l'Ordonnance du 15 octobre suivant, qui fixait la navigabilité de l'Allier à partir de Jumeaux, établissait, de cette localité à Moulins, des bureaux de perception de droits de navigation. Les bateliers étaient encore soumis à de nombreuses formalités : permis de conduire un bateau acheté au port de chargement, acquit-à-caution pour pouvoir le faire partir, après mesurage et cubage, sans compter les lettres de voiture et les connaissements, toutes pièces que l'on doit représenter aux réquisitions des employés des Contributions indirectes, des Douanes, Octrois, des Éclusiers, Maîtres de port, et quelle que soit la marchandise transportée (art. 16.) Les droits que la Révolution avait laissé subsister à Moulins (20 francs par bateau de charbon) et à Bec-d'Allier (12 francs) furent supprimés et la taxe unique fut proportionnée au tonnage et à la distance (0 fr. 01 par tonne et par 5 kilomètres).

La Révolution avait également conservé les *garde-ports*, établis sur l'Allier, dont l'emploi était plus onéreux qu'utile aux *voituriers*, qui en obtinrent la suppression, réalisée par une décision du Directeur général des Ponts et Chaussées, à partir du 1ᵉʳ juillet 1818. De ce jour, les marchands eurent à assurer eux-mêmes la garde et la sécurité de leurs bateaux amarrés dans les ports.

IV. — La Batellerie.

Les Charpentiers. — Construction des Bateaux. — Les Facteurs. — L'Assemblage. — Les Mariniers. — Le Voyage. — Les Affaires des Voituriers par Eau. — La Vie des Mariniers.

Les bateaux qui se chargeaient le long de l'Allier, se fabriquaient sur les rives de son haut bassin, à proximité des montagnes qui en fournissaient les matériaux, notamment à *Cougeac*, près Brioude, à *Vezezoux*, à *Brassac*, à *Jumeaux* ; cependant cette dernière localité, qui à elle seule construisait déjà 700 bateaux, en 1756 (1), ne tarda pas à monopoliser presque exclusivement cette industrie, car à la veille de la Révolution, en 1787, on évalue à 2.000, soit plus des 4/5 de ceux employés sur la rivière, le nombre des bateaux qui sortaient chaque année de ses chantiers (2).

La situation de Jumeaux explique cette faveur : Situé entre les ports charbonniers de Brassac et d'Auzat, qui alimentaient pour deux tiers la navigation de l'Allier, et sur la rive opposée, ses grèves de sable descendant doucement vers la rivière, s'étendaient sans interruption sur près d'une lieue, entre les *Bateaux hauts*, aux limites de la paroisse de Vezezoux et les *Bateaux bas*, près d'Auzat, et offraient d'admirables emplacements aux chantiers de construction. D'autre part, c'est sur cette rive que viennent aboutir les pentes boisées du Livradois d'où descendaient les matériaux de construction (3). *Cougeac*, que sa situation sur la même rive et au débouché des chemins permettant de recevoir les bois des forêts de la Chaise-Dieu, mettait à même de concurrencer Jumeaux, se contenta d'être un entrepôt de bois où les marchands venaient s'approvisionner, le vendredi de chaque semaine, et de fabriquer la petite batellerie. Les matériaux que les charpentiers de Jumeaux y achetaient, étaient flottés jusqu'à leurs chantiers (4). Ceux-ci allaient également s'approvisionner dans les montagnes du Livradois, à

(1, Arch. départ., série C, 6418.

(2) Arch. départ., 4, série C, 21 et LEGRAND D'AUSSY, *Voyage en Auvergne*, II, p. 259. Les bateaux en usage sur la Dore venaient aussi de Jumeaux (Arch. départ., série C, 6859).

(3) Le cahier des doléances de la paroisse de Brassac, en 1789 (Bibl. de Clermont, Mss n° 618), attribue aux mêmes causes le monopole de la construction des bateaux, dont les habitants de Jumeaux ont été avantagés.

(4) Arch. départ., série C, 6861.

Aix-la-Fayette, à La Chapelle-Geneste, à Saint-Bonnet-le-Chastel, à la foire de *Notre-Dame des Neiges* de Saint-Germain-l'Herm et jusque dans la région de Courpière ; mais ils éprouvaient les plus grandes difficultés pour en effectuer le transport, à travers des chemins étroits, mal établis et mal entretenus, surtout aux abords de Jumeaux et malgré les contributions et les corvées volontaires que s'imposent les habitants, non seulement de ce bourg, mais aussi ceux de Brassac, que le prix de revient des bateaux ne laissait pas indifférents (1). Un acte de 1817 constate qu'à cette époque, Jumeaux étant « l'unique atelier de construction des bateaux », les montagnards ont pris l'habitude d'y conduire eux-mêmes leurs bois, déposés sur la place de *la Virade*, qui en est encombrée et où les transactions sont actives : il s'y débitait par an plus de 500.000 toises de bois à bateaux.

Legrand d'Aussy, qui visita Jumeaux en 1788, dit que ce village, faible hameau il y a quelques années, s'est enrichi de l'industrie de ses charpentiers et est devenu très considérable. « Le long de la rivière, dit-il, on ne » voit que chantiers, amas de planches, constructeurs en » action, *sapinières* (2) à toutes époques du travail ; enfin » un tableau d'industrie si ravissant à voir et si rare en » Auvergne (3). »

Sur les grèves, en effet, animées du bruit des marteaux et des cris des ouvriers, les chantiers se touchaient : en l'an III, on recensa 263 ouvriers charpentiers, âgés de 17 à 74 ans, répartis en 80 ateliers ; 68 de ces ateliers appartenaient à des ouvriers associés, travaillant pour leur compte et 12 seulement étaient la propriété de patrons constructeurs employant des ouvriers salariés. A la même époque, à Brassac, deux chantiers seulement sont en

---

(1) Arch. départ., série C, 6418.

(2) Nom que l'on donnait aux bateaux de tous tonnages, entièrement construits en sapin.

(3) *Voyage en Auvergne*, II, 260.

activité, l'un : appartenant à un patron, occupe cinq ouvriers, l'autre à une association de cinq charpentiers (1).

La facilité d'installation d'un chantier et le peu d'avances qu'elle exigeait, facilitait singulièrement ces associations ouvrières, dont les membres étaient d'ailleurs tous de petits propriétaires ruraux : la grève toute nue, que l'on achetait ou qu'on louait à cet usage, devait avoir seulement la largeur nécessaire à la construction simultanée de deux bateaux, l'un à côté de l'autre, avec un emplacement pour les bois. Deux cartonnées de terrain, telle était la superficie moyenne de chaque atelier, à l'extrémité duquel on élevait une cabane, faite de mauvaises planches ou *croûtes* pour resserrer les outils et abriter les ouvriers en cas de pluie. Ces terrains atteignirent des prix élevés et les deux cartonnées de « ribage » à établir un chantier à bateaux, qui, en 1712, se vendaient 80 livres environ, atteignirent, en 1773, le prix de 264 livres. Les loyers suivaient, au denier vingt, les mêmes proportions.

La plupart des ouvriers charpentiers travaillaient pour leur compte, aussi le nombre des ouvriers soldés est-il infime et je n'ai pu découvrir qu'un seul contrat les concernant. En 1792, un ouvrier « journalier à bateaux » s'engage chez Sabatier, pour travailler à son atelier, à la construction des bateaux ; il sera nourri tout le temps qu'il travaillera et même pendant le mois de congé qui lui est dû, à l'époque des moissons, et touchera, en outre, au fur et à mesure de ses besoins, un salaire annuel de 360 livres. Une compagnie, qui exploitait la forêt de Saint-Germain-l'Herm, avait, en 1773, à Jumeaux, un préposé général à la construction des bateaux : celui-ci loua au quartier d'*Aubette*, pour neuf ans, une chambre meublée d'une armoire, de 2 coffres, d'un bureau, de deux maies à pétrir, de vaisselle de terre et de verre, d'une

<hr>

(1) Arch. départ., *District d'Issoire*, L. 287.

grille à charbon et de divers ustensiles de ménage, au prix de trois livres par an. On signale, en 1746, la présence à Saint-Rambert, de plusieurs ouvriers originaires de Jumeaux travaillant aux ateliers de construction de bateaux de la Loire (1).

En 1773, un ouvrier *menuisier* de Jumeaux devait à son patron 27 mois d'apprentissage et 66 livres, en échange du logement, de la nourriture, entretien et enseignement ; mais le métier de charpentier à bateaux, moins difficile, n'exige pas, à proprement parler, d'apprentissage, bien que lucratif, comme en témoigne un acte de 1726. Un jeune homme, dont les deux frères aînés se sont mariés et installés à leur compte comme charpentiers, après que le père les eut dotés de 150 livres chacun, est resté au contraire au chantier paternel un certain nombre d'années. S'il l'eût quitté, comme ses frères, « pour travailler avec » un maître de sa profession, il aurait gagné, depuis le » temps, des salaires considérables, qui se monteraient » aujourd'hui à plus de 500 livres et en aurait fait son » profit particulier ». Pour le dédommager et de l'assentiment de ses deux frères, le père le précipute de pareille somme sur sa succession (2).

Les contrats par lesquels les charpentiers se liaient entre eux, dépassaient souvent les limites d'une simple association industrielle et, ainsi d'ailleurs que cela se pratiquait alors en Auvergne chez les paysans, ils

---

(1) C'est dans le port de Saint-Rambert que se construisaient les bateaux qui descendaient à Roanne chargés de houille, presque unique objet de la navigation de la Loire, jusqu'à cette dernière ville. Les bateaux étaient de même forme et fabrication que ceux de Jumeaux. Ils chargeaient de 8 à 16 voies chacun, jusqu'à Roanne où ils prenaient charge complète. Les bateaux, devenus disponibles, transportaient, dans les départements du Nord et de l'Ouest, les vins du Roannais et les marchandises expédiées du Midi, dont Roanne était l'entrepôt. (TOUCHARD-LAFOSSE, *La Loire historique*, I, 375.)

(2) Pour fixer la valeur relative de l'argent, il semble utile de faire connaître que, cette même année, d'après les mercuriales des marchés de Cunlhat, le seigle valait de 18 à 20 sols le carton (double décalitre environ).

mettaient en commun tous leurs biens et revenus, comme ces deux frères, charpentiers à bateaux, qui s'associent pour toute la vie, apportant à la communauté tout ce qu'ils possèdent, même le bien de leurs femmes. Les revenus et produits communs de la famille, vivant au même feu et pot, sont affectés à l'entretien de tous, femmes et enfants, sur le même pied d'égalité, au paiement des nourrices, serviteurs, vêtements, soins en santé comme en maladie. Ils promettent en outre « de » garder et faire garder par leurs femmes et enfants toute » la foi et fidélité à la dite société ». (27 mars 1765.)

L'outillage d'un chantier était des plus simples et peu coûteux : quelques scies, haches, tarières et marteaux ; les charpentiers de Jumeaux se servaient, en guise de crayon à tracer sur le bois, d'une sorte de pierre argileuse que l'on se procurait dans le pays même, aux environs du village d'*Azerat* (canton d'Auzon). C'est un oxyde de fer argileux, dit fer oligiste, se présentant sous l'aspect d'une pierre tendre, dont les angles, par frottement, donnent des traits rouges aussi nets que ceux laissés par un crayon. On l'avait pris longtemps pour un minerai de mercure, que l'on employait en friction opérant, dit-on, des cures merveilleuses. Le minéralogiste Lecoq, qui l'analysa en 1835, proposait de réduire cette argile en poudre, d'en lier la pâte avec de la gomme et de la monter en bois, pour faire d'excellents crayons (1). Les charpentiers à bateaux n'avaient pas attendu les conseils du savant pour lui trouver un emploi pratique.

*

Tous les bateaux descendant l'Allier, étaient d'un type uniforme et ne différaient que par la taille : on les désignait sous le nom générique de *sapinières* parce que le bois de

(1) BAUDIN, *Recherches minéralogiques* (Annales de l'Auvergne, 1836).

sapin entrait à peu près seul dans leur structure et il fallait 10 de ces arbres pour en construire un de la plus grande taille. Pas un clou, nulle ferrure n'entrait dans cette fabrication et toutes les pièces étaient fixées entre elles par des chevilles de chêne, de la grosseur du petit doigt. Les bateaux avaient la forme de longues caisses rectangulaires, dont le fond se relevait à angle obtus à l'une des extrémités, pour former la proue régulière et plane, à la façon d'un sifflet. Cette proue était hérissée d'une multitude de chevilles, dont on avait négligé de couper les bouts, afin de protéger des chocs l'avant du bateau.

Sur le sol du chantier, doucement incliné vers la rivière, on dressait d'abord deux *coueytres*, pièces de bois de la longueur du bateau à construire, qui, disposées parallèlement, en protègerent le fond, lorsqu'on le roulera à l'eau une fois terminé. Ce fond était formé de planches chevillées sur des traverses droites appelées *rables* et les *courbes*, pièces de même diamètre, mais coudées à angle droit, permettaient de relier le fond et les flancs du bateau. Les *bords* étaient consolidés par de fortes planches, qui couraient le long du bateau, pour en constituer le bordage, recouvert lui-même de planches en *croûte*. Le bateau terminé, ses joints étaient calfatés de mousse, puis recouverts d'un liteau dit *ganel*, fixé au moyen de menues pointes ou *senepias* (semences).

La récolte de la mousse faisait l'objet d'une active industrie, à laquelle se livraient les habitants des villages de la montagne proche, *Esteil* en particulier. Après avoir épuisé celle qu'ils pouvaient trouver dans les bois voisins, ils devaient aller à sa recherche jusque dans les forêts de la Chaise-Dieu et l'expédition durait quatre jours. La mousse, empilée sur leurs chars étroits, était à grand'peine transportée par des chemins forestiers difficiles, puis les les femmes la filaient en longs cordeaux, à la manière du crin végétal qu'emploient les tapissiers, roulés en gros écheveaux qu'elles allaient vendre à Jumeaux, en les portant sur leur tête ; car jusqu'à une époque très rapprochée de nous, Esteil n'était relié directement à ce lieu, que par un étroit sentier.

La première phase de la fabrication terminée, les bateaux étaient roulés à l'eau et vendus dans cet état aux *voituriers*.

On classait les *sapinières* suivant leurs dimensions, en quatre grandes catégories : les sapinières proprement dites, mesurant 23 mètres de long sur 4 de large et 0,84 de tirant d'eau, pouvant porter, à jauge complète, 56.000 kilos de charge ; les *Recettes* de $15^m \times 3^m$, portant 15.000 kilos ; les *Gabarres* de 10^m à $12^m \times 2^m 50$, portant 12.000 kilos ; enfin, les *Toues* de $8^m \times 1^m 50$, pour 1.000 kilos de charge.

Le tableau du *Maximum*, arrêté par Monnet, délégué du Comité de Salut public, le 3e jour sans-culottide an II, avec le concours de la municipalité et qui, on le verra, fut difficilement imposé, s'il ne nous renseigne pas sur les prix réels des bateaux, à cette époque, nous fait connaître tous les modèles usités, avec leurs caractéristiques, dont on pourra, par le tableau ci-après, saisir les détails d'un coup d'œil.

CATÉGORIES DES BATEAUX	LONGUEUR (en pieds et pouces) (1).	LARGEUR à l'avant.	ou milieu et à l'arrière.	HAUTEUR	NOMBRE des COURBES employées.	PRIX des FOURNI- TURES (en livres)	PRIX de la CONSTRUC- TION seule (2).	ÉTRENNES D'USAGE aux ouvriers charpen- tiers.	PRIX TOTAL (en livres)	OBSERVATIONS
Grand Surnapé..	72	9 pieds 6 p.	11 pieds.	4 pieds.	24	914	96	15	1.025	
Batard Surnapé.	72	id.	id.	3 pieds 5 p.	id.	820	80	12	912	
Surnapé	66	id.	id.	4 pieds.	22	820	80	12	912	
Batard........	66	id.	id.	3 pieds 4 p.	id.	710	70	10	790	
Petit Surnapé...	60	id.	id.	3 pieds 6 p.	20	710	70	10	790	
Petit Batard....	60	id.	id.	3 pieds 5 p.	id.	650	60	8	718	
Bateau commun.	55	id.	id.	3 pieds 3 p.	18	583	50	6	639	
Tone..........	20	3 pieds 6 p	4 pieds.	17 pouces.	14	non fixé.	non fixé.	»	40	

(1) Les dimensions sont mesurées au bord du bateau.
(2) Les ouvriers sont toujours payés aux pièces.

*Prix fixés pour les bois, rendus au port de Jumeaux
ou à celui de Cougeac.*

1° Pins et sapins entiers de 30 pieds de long, 14 à
   16 pouces au bout, 110 livres les cent toises.
   Pins et sapins entiers de 30 pieds de long, 10 à
   13 pouces au bout, 75 livres les cent toises.
   Pins et sapins entiers de 30 pieds de long, 7 à
   9 pouces au bout, 55 livres les cent toises.
2° Grandes planches de 42 pieds de long, 14/16 pouces
   de large, sans pointe, 15 livres.
   Planches de 6 pieds de long, 14/16 pouces de large,
   sans pointe, 10 livres.
3° Le demi-cent de *courbes* et 17 *rables* suivant qualité,
   55 livres, 44 livres ou 30 livres.
4° *Bords* : 72 pieds de long, 16/20 pouces de large au
   milieu, 300 livres (l'arbre entier).
   —   66 pieds de long, 16/20 pouces de large au
           milieu, 200 livres (l'arbre entier).
   —   66 pieds de long, 14/15 pouces de large au
           milieu, 160 livres (l'arbre entier).
   —   60 pieds de long, 16/20 pouces de large au
           milieu, 130 livres (l'arbre entier).
   —   60 pieds de long, 14/15 pouces de large au
           milieu, 100 livres (l'arbre entier).
   —   55 pieds de long, 14/16 pouces de large au
           milieu, 90 livres (l'arbre entier).
   —   55 pieds de long, 12/13 pouces de large au
           milieu, 75 livres (l'arbre entier).
5° Bille de *fretiaux* (à faire les chevilles), 7 livres,
   5 livres ou 3 livres, suivant qualité.
6° *Gaccix* : la liasse de 30 lattes de 5 pieds de long :
   1 livre.

Dans la suite, le prix d'un bateau de première grandeur
et qualité, oscillait de 350 à 420 francs, descendit jusqu'à

320 francs en 1820 pour remonter en 1828 à un prix moyen de 400 francs.

Les bateaux, sortis des chantiers, n'étaient pas encore parés pour la navigation : dans cet état incomplet, ils étaient conduits aux ports d'expédition et c'est seulement après avoir achevé leur chargement, qu'ils terminaient leur gréement, que l'on appelait *assomillage*, œuvre non plus des charpentiers, mais des mariniers eux-mêmes qui devaient en former l'équipage. A cet effet, chacun d'eux était toujours porteur de son *hachou*, petite hache tranchante d'un côté et formant marteau de l'autre, solidement fixée au manche par deux tenons en fer ; l'équipe emportait tarières, scies, courbes, planches et un sac de clous, pour les réparations à effectuer en cours de route. Chaque bateau était pourvu, au départ, d'une *patouille*, longue et forte rame en sapin de 20 à 21 pieds de long, passée dans un trou à l'avant et manœuvrée à la façon d'une godille, dans les eaux profondes, tandis que sur les côtés, les mariniers, armés de *bourdes*, bâtons ferrés en chêne ou fayard, maintenaient le bateau dans la bonne voie, ou le poussaient en prenant un point d'appui au fond de la rivière ; quelques pelles de bois, faites de planches clouées, de la même forme rectiligne que le bateau, pour vider l'eau et une ancre en fer complétaient l'*assomillage*, avec un assortiment de cordages de dimensions et de longueurs appropriées à leur usage : la *garre* servait à amarrer le bateau sur la rive ; la *commande* reliait les bateaux les uns à la suite des autres, lorsqu'ils marchaient en train ; avec le *cordou*, on halait le bateau de la rive, dans la traversée du canal.

La quantité des cordages employés par la marine d'Allier et aussi par les mines du bassin, avait déterminé à Jumeaux et dans les environs, en même temps que d'abondantes cultures chenevières, le développement de la corderie, industrie toute personnelle, n'exigeant qu'un outillage restreint et une installation en plein air, comprenant une roue, un chariot et quelques potences garnies de chevilles, le long d'un chemin. Le cordier se transportait facilement où il trouvait à s'occupait, comme celui de Brassaget, qui traita le 2 juin 1788 avec M. Sadourny, pour la fabrication, sur place, des cordages nécessaires à sa mine de *La Combelle*. M. Sadourny devait procurer le chanvre et des ouvriers pour tourner la roue et câbler, lui payer 3 liards par livre de corde ouvrée et une *quarte* de vin par journée de travail (1).

Les bateaux étaient chargés par séries de 10 à 15, formant une *équipe* qui naviguait de concert, sous la direction d'un *facteur*, représentant du *voiturier par eau*, chargé de recruter l'équipage, d'acquitter les dépenses de route, de payer les mariniers au terme de leur engagement, de vendre même la cargaison au cours du voyage, si elle était en perdition ; en un mot, disposant presque sans contrôle de l'emploi de sommes importantes, ce qui supposait, chez le patron, une confiance absolue et, chez le comptable, une bonne foi admirable. Legrand d'Aussy s'étonne de l'honnêteté de ces *facteurs*, « bien faite, dit-il, pour honorer l'Auvergne » (2). La fonction exigeait aussi de l'instruction, de l'intelligence et une grande activité. Le facteur, vivant sur les bateaux, avec l'équipage dont il surveille le travail, les quitte souvent pour quelques jours, ou seulement quelques heures, afin d'aller, par les voies plus rapides de terre, rendre des comptes à son patron, lui porter de l'argent ou lui demander des avances, régler des différends, *jeter en mer* quelque bateau resté en *fosse*, c'est-à-dire faire décharger la cargaison d'un bateau échoué et en vendre contenu et contenant,

(1) La quarte valait deux *pintes*, soit un peu moins de deux litres. Arch. départ, I.. *District d'Issoire*, n° 1883.

(2) *Voyage en Auvergne*. II, p. 263.

devancer son convoi pour en négocier la vente, si son patron ne l'a déjà fait, car rarement cette vente est assurée d'avance, en raison des incertitudes de la livraison et de l'impossibilité de supputer les frais de transport.

Quant aux mariniers, du jour de leur départ à celui où ils démoliront le bateau de leurs propres mains, planche à planche, ils ne le quitteront plus ; aussi leur premier soin est-il, dès le chargement terminé, d'élever, sur la plus grande sapinière de l'équipe, une cabane en planches qui sera leur logis. Au milieu du bateau et reposant sur les deux bordages, c'est d'abord une sorte de pont qu'ils construisent, sur lequel s'élèvera la *carrée*, abondamment pourvue de paille, pour le couchage des hommes. Une caisse, remplie de terre, sera le foyer sur lequel se prépareront les aliments (1). A des clous fixés aux parois de la cabane, les mariniers suspendaient leur porte-manteau rond, en cuir, fermé par une chaîne et un cadenas et contenant leur maigre bagage ; avec une marmite et quelques ustensiles de cuisine, ils complétaient l'ameublement de la *carrée*. Quelques poinçons de vin, les provisions d'huile, de lard et de porc salé étaient à l'abri à une des extrémités du bateau et l'on se procurait, aux villages de la rive, les vivres frais au fur et à mesure des besoins.

Il ne restait plus, dès lors, qu'à attendre l'époque favorable pour le départ et les mariniers rentraient chez eux, laissant un homme à la garde des bateaux, jusqu'à l'heure précise où, en pleine nuit parfois, les surveillants des équipes des ports parcouraient les rues de Brassaget et de Jumeaux, criant : « la crue, voici la crue ! », pour prévenir les mariniers en partance de rejoindre aussitôt leurs bateaux et de profiter du premier afflux des eaux pour lever l'ancre, se lancer dans le courant et gagner, le

____

(1) C'est cette caisse, remplacée souvent par une large pierre *carrée*, qui donna son nom à la cabane qui l'abritait.

plus rapidement possible, des fonds plus propices. Pendant que l'équipage s'occupe à ces besognes, le maître marinier, monté sur une petite *toue* ou *bachot*, d'où son nom de *toutier* ou *faiseur de petite toue*, part en avant reconnaître le cours de la rivière et jalonner la route avec des perches, que ses hommes enfoncent avec un maillet. Chaque matin, le toutier précédera ainsi l'équipe et désignera le mouillage où les bateaux jetteront l'ancre pour passer la nuit; il est le maître marinier et conservera le commandement, même après que son office de soudeur et de jalonneur sera devenu inutile, dans le bassin inférieur de l'Allier, sur la Loire ou la Seine. Après lui, dans la hiérarchie des mariniers, venaient : le *Boutavant*, homme de l'avant, qui tenait la *patouille* et dirigeait son bateau, puis l'*Homme de la Quoue*, ou de l'arrière. Jusqu'à Moulins et plus loin, dans les passages difficiles seulement, l'équipe s'adjoignait des auxiliaires que l'on appelait *Renforceurs*. Tous ces hommes étaient engagés d'avance, moyennant un salaire fixé à forfait pour le voyage déterminé et quelle qu'en dût être la durée; mais comme ils étaient nourris par le patron, les uns et les autres avaient intérêt à abréger cette durée. Les prix, qui accusaient de sensibles différences entre les spécialités, variaient peu d'une année à l'autre, comme il a été possible de s'en assurer par le dépouillement d'un livre de comptes d'un voiturier par eau, de 1801 à 1810. Pour Pont-du-Château, le prix d'engagement d'un *toutier* était de 18 francs, de 15 francs pour un *boutavant*, de 10 francs pour un *homme de la quoue* et de 5 francs pour un *renforceur*. Pour Moulins, de 80 francs, 50 francs, 30 francs et 20 francs respectivement. Pour Briare, de 140 francs, 120 francs et 80 francs. Pour Paris, de 150 francs, 110 francs et 90 francs. Pour Tours, de 180 francs, 125 francs et 98 francs.

Au début du XVIIIe siècle, les spécialisations étaient moins définies et l'on connaissait seulement les *maîtres gareurs* et les *renforceurs*, dont l'Intendant avait, en 1745, fixé les salaires, pour la conduite de la Mothe à Vichy, de mâts coupés dans les forêts de la Chaise-Dieu, à 27 livres pour les premiers et à 4 livres 10 sols pour les seconds qui n'allaient pas au delà de Pont-du-Château. Deux ans plus tard, ces salaires s'élevèrent respectivement à 30 et 5 livres (1).

Brassac et Jumeaux fournissaient le contingent le plus important des mariniers de la rivière et un État, dressé en l'an III, nous le fait connaître exactement. La première localité avait 5 « *faiseurs de petite toue devant* », 111 *maîtres gareurs* (appelés plus tard *boutavants*), dont 5 étaient en même temps charpentiers et un boucher (2), 108 *hommes de la quoue*, dont 4 étaient en même temps charpentiers, et enfin 110 *renforceurs* parmi lesquels figurent : 1 charpentier, 4 tailleurs d'habits et un huissier. Jumeaux possédait seulement 40 *maîtres gareurs*, 25 *hommes de la quoue* et un seul *renforceur* ; mais il est à remarquer que tout le monde à Jumeaux est un peu marinier : de simples journaliers et même des hommes de métier font parfois un voyage comme *renforceurs ;* il est d'usage enfin, dans la localité, si quelque habitant a affaire à Clermont ou plus bas, qu'il s'engage comme *renforceur* jusqu'à Pont-du-Château ou ailleurs, pour se défrayer des dépenses de la route (3).

De Brassac à Pont-du-Château, les bateaux sont à charge réduite et l'équipe est même suivie d'une allège de faible tonnage, pour « *légir* » les autres bateaux, en cas d'échouage ou de basses eaux : normalement, le voyage s'effectue en cinq ou six heures, avec un *boutavant* et un *homme de la quoue* comme équipage ordinaire de chaque bateau, et 2 ou 3 renforceurs que l'on renvoie à Pont-du-Château. On s'y arrête aussi pour compléter les provisions

(1) Arch. départ., série C, 6117.
(2) Le maire de Brassac était en tête de la liste des *maîtres gareurs.*
(3) Arch. départ., L. *District d'Issoire*, 287.

de route et « *jeter à la mer* » une ou deux alléges, dont on répartit le chargement sur les autres et que l'on revend à un prix parfois supérieur à celui d'achat, car une nouvelle cargaison les attend à ce port. A Moulins où l'on renvoie les derniers *renforceurs* et à Bec-d'Allier, de nouveaux bateaux sont *jetés en mer* dans les mêmes conditions et une équipe qui comprenait 10 à 12 bateaux, au départ de Brassac, n'en a plus que 4 ou 6 au canal de Briare, dont la traversée est assurée à bras par des *haleurs*, recrutés sur place. Enfin, aussitôt entrés en Seine, ces bateaux sont encore *couplés* deux à deux, c'est-à-dire réunis par des cordages et liés étroitement par une forte et longue planche clouée tout le long des bordages. C'est en cet état qu'ils arrivent à Paris, avec un équipage de 2 *boutavants* et trois *hommes de la quoue* par couple. Ainsi un bateau parti de Brassac, à la charge de 15 à 20 tonnes, en porte 25 au Bec-d'Allier et 50 à son arrivée à Paris où, la marchandise vendue, il est aussitôt *déchiré*, démonté planche à planche; ses bois sont vendus et tandis que les ancres et les cordages sont réexpédiés à Brassac pour *assommiller* d'autres équipes, les mariniers, le portemanteau en bandoulière et le hachou sur l'épaule, reprennent gaiement à pied la route du pays, voyageant cette fois à leurs frais et en complète indépendance.

L'équipe, qui a mis dix jours pour arriver à Briare, y est souvent retardée au passage du canal; néanmoins huit autres jours lui suffisent pour atteindre Paris. Mais ce sont d'heureux et exceptionnels voyages, que ceux qui s'effectuent dans un temps si restreint et le plus souvent, c'est un mois et plus, que dure la descente, contrariée par des contre-temps variés. Rares étaient les pertes totales de bateaux et de cargaisons, mais fréquents les échouages, loin de tout secours, qui obligent tous les hommes de l'équipe à un travail de plusieurs heures dans l'eau; ce sont les chocs, les abordages nécessitant les mêmes efforts pénibles et dangereux des mariniers; enfin l'équipe tout

entière pouvait *tomber en fosse*, être arrêtée en pleine
route par un manque d'eau subit, qui l'immobilise des
jours et des semaines entières : alors, pour prévenir les
frais onéreux que causerait une telle immobilisation,
s'efforce-t-on de vendre sur place, tout ou partie du
chargement.

La rapidité de la vente, du déchargement et du
déchirage des bateaux, était une des conditions de la
réussite de l'entreprise, dès qu'un prix avantageux s'offrait
en cours de route et c'est là que s'exerçait l'habileté
commerciale du voiturier. Vendant tantôt un bateau
bloqué, c'est-à-dire sans mesurage ni pesage préalable, il
en détaillait d'autres fois le contenu à la mesure, selon
que le mode lui paraissait plus favorable ; mais ses
bénéfices étaient rarement élevés, tandis que ses risques
restaient énormes, car ils n'étaient protégés par aucune
assurance. Un seul voyage calamiteux pouvait ruiner le
commerçant, tandis qu'il fallait une série d'équipes bien
amenées, pour lui procurer un bénéfice raisonnable. Une
pétition, adressée, le 25 mars 1790, par la municipalité de
Jumeaux aux administrateurs du district (1), reproduit les
doléances de ces marchands, qui formaient l'élément le
plus important des contribuables de la localité. Leur
commerce exige de grandes avances, car les achats de
bateaux s'effectuent au comptant ; il en est de même des
droits de navigation, du salaire des mariniers et des frais
de nourriture de ceux-ci. Sur la route, les retards, les
accidents, les naufrages et le séjour prolongé à Paris, ou
dans tout autre port de vente, grossissent les frais ; enfin
l'insolvabilité des acheteurs qui souscrivent des billets à
long terme, achève la ruine : « Autrefois, disent-ils, le
» papier sur Paris était recherché et moyennant un léger
» escompte, on trouvait du numéraire pour faire face aux
» paiements nombreux et importants à faire au comptant

____

(1) Arch. départ., L. n° 66.

» aux ouvriers et mariniers. Les temps troublés rendent
» les négociations difficiles et, avec un portefeuille bourré
» de billets, on ne peut avoir d'argent. Il en résulte un
» arrêt complet du commerce et à Jumeaux en particulier,
» il y a, en ce moment, 200 ouvriers sans travail. » Ces
plaintes n'étaient que trop fondées. Il est vrai qu'à ce
moment les événements politiques contribuaient, pour une
large part, à augmenter les incertitudes commerciales ;
néanmoins les gains réalisés dans le commerce de la
batellerie n'étaient certainement pas en rapport avec les
risques courus et l'importance des capitaux exposés. Pas
une famille de voituriers par eau de Jumeaux ne s'éleva
au-dessus d'une modeste aisance bourgeoise : les négociants
de notre époque, sans être plus audacieux que ceux qui
confiaient leurs biens aux hasards d'une navigation si
incertaine, montreraient à coup sûr plus d'exigences,
quant aux profits. Quelques extraits du livre du voiturier
par eau, de Jumeaux, permettront d'illustrer l'exposé
qu'on vient de lire.

I. — Le 5 juin 1808, il achète et fait conduire, au port
de la *Basse-Combelle*, une équipe de dix bateaux, dont
6 de 72 pieds, 4 de 66 et deux bachots, pour lesquels il a
déboursé le prix total de .... 3.702 l.

Ces bateaux sont chargés le 6 juillet
suivant, seulement, de 73 voies de charbon.
à 20 livres la voie...................... 1.460

Frais de chargement, à 10 sols la voie...   36   10 s.

Frais de garde des bateaux   18

Une fausse manœuvre, au pont de la
Roche, oblige à *légir* l'un des bateaux, coût :   18

Assomillage : 50 bâtons ferrés, la cabane,
une *commande* de 137 livres à 12 sols la
livre ; 150 livres d'autres cordages, à
10 sols la livre, au total   420   3
____
A reporter... 1.952 l. 13 s.

Report... 1.952 l. 13 s.

Le départ a lieu le 21 juillet. On casse la croûte à l'auberge, au Breuil, à Issoire, à Condes. C'est à Pont-du-Château qu'on achète des pichets, des plats, du pain, de la fourme 381

et du vin, pour........................ 51

Deux bateaux sont restés en *fosse*, au Breuil : l'équipe les a attendus à Pont-du-Château : cet accident a coûté........ 39

Dix renforceurs sont renvoyés à Pont-du-Château. A Moulins, trois bateaux sont *jetés en mer* et on complète, dans ce port, l'assommillage, pour........................ 60

Les salaires des mariniers s'élèvent en totalité à 1.460

Les droits de navigation (*Moulins* 183 livres 10 sols, *Bec-d'Allier* 77 livres 18 sols, *Briare* 128 livres 10 sols, *Amboise* 281 livres 7 sols, octroi de *Tours* 28 livres 15 sols) 700

Autres dépenses, pour frais de jetage en mer à Moulins, mesurage du charbon au boisseau, à Tours, et garde des bateaux ... 60

Dépenses du patron : voiture de Jumeaux à Moulins, à Bec-d'Allier, à Briare, Orléans, Tours ; voyage à Paris et retour à Jumeaux, repas et couchers 358

Dépenses du facteur pour son retour et celui de deux hommes restés avec lui...... 120

8.883 l. 13 s.

Recettes.

Vente de trois bateaux à Moulins .... 912 l.

A reporter... 912 l. 8.883 l. 13 s.

Report...	912 l.	8.883 l. 13 s.
Vente, à Tours, de deux poinçons vides et de l'assomillage	24 10 s.	
Vente au détail de charbon à Blois, Amboise et Tours, à 18 livres le poinçon. — 17 poinçons	306	
Vente, à Blois, d'un bateau bloqué	1.550	
(paiement de 600 livres comptant, 475 livres stipulées payables le 30 novembre et 475 le 30 février suivant, à Orléans).		
A Amboise, vente au détail de 4.101 boisseaux	2.878 13	
A Blois, en bloc, la vidange d'un bateau	280	
A Amboise, deux bateaux bloqués	1.970	
(1.000 livres comptant, le surplus à ordre, 30 novembre)		
Vente de 3 bateaux vides, à Amboise	696	
Vente de 2 bateaux vides, à Tours	480	
Totaux...	9.097 l. 3 s.	8.883 l. 13 s.

Bénéfice net : 213 livres 10 sols.

II. — Une équipe, chargée à Brassac le 18 octobre 1808, termina ses opérations à Paris, le 20 avril seulement, après avoir vendu une partie de son chargement à Tours, ramené le surplus à Paris par le canal et naufragé un bateau à Charenton. Malgré ces contre-temps, elle réalisa un bénéfice net de 985 livres. Malheureusement, une partie de la cargaison fut vendue à un commerçant qui tomba en faillite et le registre n'indique pas la perte définitive subie. Cette équipe, qui comprenait sept bateaux de 72 pieds, trois de 66 et deux bachots, avait chargé, à Brassac, 159 voies de charbon, au prix de 18 livres, plus 10 sols de frais de chargement, la voie. L'*assomillage* se composait de bâtons, pelles, planches, pour deux cabanes, hachous, tarières, cordages, deux marmites, 26 pots de vin pris à Jumeaux, à 2 livres le pot. A Pont-du-Château, renvoi de 23 *renforceurs*, 5 *boutavants* et 5 *hommes de la quoue*, achat de provisions de bouche, d'un autre poinçon de vin.

A Moulins, on *jette à la mer* un bateau, renouvellement des provisions et renvoi de 3 *boutavants* et 5 *hommes de la quoue*. Des mariniers sont encore renvoyés tout le long de la route, à la *Charité*, à *Briare*, à *Orléans*, à *Tours*. Enfin, indépendamment des frais de voyage et de séjour du patron dans ces différentes villes, on voit figurer la dépense d'une paire de chaussures, qu'il s'offrit à Tours, au prix de 37 livres, et son retour de Paris à Jumeaux en voiture : 50 livres.

Dépenses totales de l'équipe . . . .   10.961 liv. 6 sols.

Aux Recettes, vente d'un bateau à *Moulins*, d'un autre à la *Charité*, de 99 voies 1/2 de charbon à *Orléans*, bateau compris, à 53 livres la voie, à *Amboise* de 1.850 boisseaux à 55 livres le cent, à *Tours* de 2.640 boisseaux au même prix et à *Paris* de 5.330 boisseaux à 52 livres le cent.   Total. . .   11.946 liv.

Soit un bénéfice net de. . .   985 liv.

Ces bénéfices arrivent rarement à mille livres par équipe ; les pertes, assez fréquentes, ne dépassent pas non plus cette somme, le plus souvent. Une seule fois, une équipe charbonnière de 14 bateaux pour Paris, réalise un profit de 1.899 livres; par contre, une autre est en déficit de 2.199 livres. Une autre équipe de 10 bateaux réalise 294 livres d'excédent, malgré la perte totale d'un bateau à Blois, chargement et assomillage. Le facteur fait remarquer que cet accident prive l'équipe d'un bénéfice supplémentaire de 2.200 livres au moins.

La vie des mariniers était certainement des plus pénibles, non exempte de réels dangers, mais en revanche pleine de charme et d'imprévu; aussi le métier exerçait-il une véritable emprise sur ceux qui s'y étaient adonnés. J'ai connu un vieux marinier, que le chemin de fer avait depuis longtemps obligé à chercher ailleurs son gagne-pain, accepter, avec une joie non dissimulée, de conduire à Paris, sans qu'aucun désir de lucre ne l'y engageât, un des derniers bateaux de pommes que l'Allier consentît encore à porter. Le voyage était séduisant et il n'était pas rare que de jeunes bourgeois, habitants des rives de l'Allier, ne profitassent du passage des bateaux, à l'automne, pour se rendre à la capitale où leurs études les appelaient. La couche des mariniers, qu'ils partageaient sans façon, était dure, mais leur compagnie, exempte de mélancolie, faisait trouver courte la durée du voyage et leur cuisine était à juste titre renommée.

La table était toujours abondamment pourvue de poissons et la venaison n'y faisait pas défaut, le gros gibier surtout, dont une nuit de braconnage dans les bois du Bourbonnais, voisins de la rivière, approvisionnait souvent le garde-manger pour le reste de la route; car les mariniers excellaient dans l'art de conserver les viandes et l'on citait, comme un régal de leur cuisine, les boulettes de chair hachée et marinée. Les menus étaient cependant peu variés et un estomac délicat se serait mal accommodé de cette alimentation, où les préparations au vin, fortement épicées, tenaient la meilleure place : matelotes de poisson, civets de gibier, de mouton, de pommes de terre coupées en dés, de volailles. La soupe aux choux et au lard, le petit salé, le bœuf bouilli ou en daube complétaient cette cuisine, que l'on pouvait laisser mijoter dans la marmite, ce qui permettait au maître coq de l'équipage de remplir en même temps ses devoirs de marinier.

Les mariniers, provenant presque tous du cours supérieur de la rivière, se connaissaient entre eux et formaient une sorte de franc-maçonnerie qui leur permettait de se porter une aide mutuelle, non seulement au cours de la navigation, mais encore sur la route du retour, où ils se rencontraient dans les auberges du bord de l'eau, dites de la *Marine*, et qui, elles aussi, ne sont plus qu'un souvenir, pour la plupart. Veuves de leurs clients, abandonnées ensuite par leurs propriétaires, leurs bâtiments, de construction sommaire, ont disparu, enlevés pierre à pierre, par les crues successives de la rivière. Un fait, affirmé par plusieurs témoins, démontre la solidarité qui unissait les mariniers. L'un d'entre eux, qui, braconnant, venait d'abattre une pièce de gibier, fut surpris par un garde-chasse qu'il tua ; affolé, il revint rapidement aux bateaux amarrés dans un coin solitaire et raconta le crime à ses compagnons. Ceux-ci, aussitôt, levèrent l'ancre et, bravant les embûches de la nuit, s'éloignèrent rapidement. Grâce à un labeur acharné, ils réussirent à gagner un port éloigné avant la nuit suivante, afin de créer un alibi au meurtrier. Ils gardèrent le secret de longues années et c'est seulement après la mort du coupable, qu'ils dévoilèrent cet épisode de leur vie errante.

C'étaient d'ailleurs de rudes gars. Les Nivernais du bord de l'eau, qui les fréquentaient, appelaient les mariniers d'Auvergne des « couillons rouges » (1) et on les voyait à Nevers, dans les cabarets du *Port Saint-Nicolas*, jurer,

(1) Conte de Jean BAFFIER, dans la *Revue d'Occident*, 1909.

sacrer et, malgré cela, vénérer la Vierge de la *Rue du Rivage*, à laquelle ils tenaient des discours en un langage qui ne devait rien à la lithurgie sacrée (Dr Subert). C'est à la Vierge que l'église de Jumeaux, fondée par les mariniers, avait été vouée en reconnaissance des bienfaits terrestres dont elle avait comblé ses habitants. Saint Nicolas, patron des mariniers, y était également vénéré et l'on pouvait admirer, à la place d'honneur, dans toutes les maisons du bourg, il y a quarante ans à peine, un portrait encadré où le glorieux évêque, peint sur verre, de couleurs vives, était représenté bénissant une barque remplie de petits enfants nus, qu'il venait de ressusciter et de tirer du saloir où le méchant boucher les avait mis comme pourceaux, coupés en morceaux.

Tandis que le plus grand nombre des mariniers de l'équipe, aussitôt arrivés au terme de leur voyage, reprenaient à pied la route du pays, d'après un itinéraire immuable, jalonné des auberges familières, les privilégiés qui restaient à la garde des bateaux, amarrés, à Paris, au Pont-au-Change, en attendant la vente et le *déchirage*, ne manquaient pas de profiter des plaisirs de la capitale, les moins coûteux surtout. Très amateurs de théâtre, on les voyait au poulailler ou parmi les équipes de *claqueurs* à gages.

Cette vie vagabonde développait en eux, en même temps qu'un esprit indépendant et frondeur, un goût très vif pour le plaisir et une sociabilité pleine de bonne humeur. Les travaux des champs les occupaient quelque temps au pays, dans l'intervalle des voyages ; mais ces derniers leur procuraient assez de profits, pour qu'ils se soient bornés à demander à la terre de fournir le blé, le vin, l'huile, le chanvre et les légumes nécessaires à leur subsistance et à celle de leur famille ; aussi les voyait-on souvent, sur la place de la *Virade*, promener leur flânerie en groupes pleins de rires, provoqués par le récit de plaisantes aventures de route et cherchant, suivant la saison, l'ombre ou le soleil. A cause de cela, on leur avait donné, dans le pays, le surnom de *gratte-murailles*. Le jeu de quilles dit *Rampeau* était une de leurs distractions favorites, dont le goût s'est conservé jusqu'à nos jours, jeu de force et d'adresse, mais aussi jeu d'argent; c'est pourquoi il fut interdit de tous temps, par des ordonnances répétées, en 1369, 1560, 1579, 1685, 1688. Cette dernière, œuvre de l'Intendant Desmaretz de Vaubourg, proscrivait également les *danses baladoires* et les attroupements dits *charivaris*, qui, malgré tout, n'ont cessé d'être en honneur dans nos campagnes (1). Le nom, donné à la place publique de Jumeaux, atteste le nombre des *rivades* qui s'y tournèrent, en dépit des prohibitions religieuses ou gouvernementales.

La fête *patronale* de N.-D. de septembre (*la Nativité*), malgré le grand nombre de fêtes *baladoires* de la région, à la même date, fut de tous temps une des plus suivies et des plus animées : danses et réjouissances, succédant à une grand'messe solennelle et à une procession où les mariniers portaient avec vénération la statue de leur saint patron Nicolas, se prolongeaient trois jours durant, et nécessitaient encore un *retour* de fête, le dimanche de la quinzaine suivante. Cette fête, qui a conservé jusqu'à la guerre une partie de sa vogue et de ses traditions, avait depuis longtemps perdu une de ses principales attractions : le jeu du *tirage du cou de l'oie*.

A une corde tendue des deux rives de l'Allier, étaient suspendues par les pattes, des oies vivantes, à une hauteur telle, qu'un homme debout, à l'avant d'un *bachot*, devait faire un saut pour atteindre de la main le cou de l'oie. Tandis que les camarades dirigeaient la barque, le champion s'efforçait de le saisir, en se jetant à l'eau. S'il réussissait, c'était l'arrachement du cou du malheureux volatile, dont le sang aspergeait alors les bateliers, aux acclamations d'une foule friande du spectacle. La tâche était malaisée

____

(1) Arch. départ., C, 1517.

et les concurrents devaient, avant de réussir, se livrer à de nombreuses tentatives infructueuses qui excitaient l'hilarité des spectateurs. Cette barbare attraction attirait à la fête une foule nombreuse, venue des localités voisines et même éloignées ; elle était aussi une des principales causes du succès des fêtes de mariniers : la *Saint-Martial* des Martres et la *Saint-Nicolas* de Pont-du-Château (1).

C'est aux veillées d'hiver, devant un auditoire en majorité féminin, que la verve des mariniers se donnait libre cours. Tandis qu'occupés à fendre des billes de chêne et à les transformer en chevilles, dont il se faisait à Jumeaux une si prodigieuse consommation, ils racontaient, avec la plus grande précision de détails, les effrayantes aventures de leur ennemi intime *le letien*. Les méfaits du letien étaient innombrables, mais il se mêlait parfois de moraliser, comme dans l'aventure suivante : L'équipe était à l'ancre dans un lieu isolé et le cuisinier s'occupait à la préparation d'un ordinaire des plus maigres, lorsque

(1) La fête patronale ne s'était plus célébrée depuis le début de la Révolution, lorsque les mariniers de Pont-du-Château (alors *Pont-sur-Allier*) s'avisèrent de rétablir la Saint-Nicolas, le premier dimanche du mois d'août 1798 (thermidor an VI), malgré les défenses du Directoire du Département, qui prohibait surtout le retour à la célébration des fêtes religieuses dominicales : « Les citoyens égarés mettent, disait-il, » autant d'affectation à commémorer par des jeux, les fêtes religieuses » dites *baladoires*, que le gouvernement se donne de sollicitudes pour » établir les fêtes civiles et décadaires, les institutions républicaines, » renouveler les mœurs et faire disparaître toutes les traces du régime » sacerdotal. » La municipalité de *Pont-sur-Allier* reconnaît que la plupart des administrations municipales du canton, semblant se conformer aux décrets, dressent des procès-verbaux de fêtes civiques qui n'ont jamais été célébrées : en revanche, elles tolèrent les fêtes religieuses des *patrons* des paroisses, avec tous les plaisirs bruyants et les jeux qui en sont l'attrait. Elle-même voulut s'opposer l'année suivante 1799) à la célébration de la Saint-Nicolas et du jeu barbare qui y attirait plus de 2.000 étrangers. « La fête se termine par des danses, où l'on voit » les vainqueurs, les mains encore teintes du sang de ces pauvres » animaux, inviter les jeunes filles, jalouses de se trouver à un si beau » spectacle et qui s'en approchent au point d'avoir les habits tachés du » sang des victimes palpitantes. » Les mariniers annoncèrent la fête quelques jours avant, à grand renfort d'instruments et firent savoir à la municipalité que rien ne les empêcherait de « tirer le cou de l'oie ». Aux Martres, également, la municipalité fut impuissante à empêcher le réta blissement de la fête. (Arch. départ., série L, 571.)

son attention fut attirée sur l'autre rive, par les bêlements
plaintifs d'un petit agneau perdu, qui semblait implorer
son secours. Bien plus alléché par le fumet des succulentes
côtelettes que promettait la pauvre bête, qu'ému de
compassion, le marinier se mit aussitôt en mesure de
rejoindre l'abandonné. L'air était chaud, l'eau peu
profonde et pas un autre être vivant ne se montrait à
l'horizon. Il chargea l'agneau sur ses épaules, à la façon du
bon apôtre Jean-Baptiste et reprit le gué pour retourner
aux bateaux ; mais à mesure qu'il avançait, l'animal se
faisait plus lourd et l'eau plus profonde. le but fuyait
devant lui ; enfin, après des efforts surhumains, harassé,
haletant, ayant failli vingt fois se noyer, comme il atteignait de la main le rebord de son bateau et se disposait à
se hisser avec son fardeau, il entendit à ses oreilles un
ricanement sardonique et *le letien*, car c'était lui qui s'était
mué en agneau, disparut en laissant une odeur de soufre
et de poil roussi. Ce n'était pas un si mauvais diable.
quoique cornu, ét plus d'une fois, dans ses luttes corps à
corps avec les mariniers, il avait le dessous et s'enfuyait
avec une *bane* brisée (1).

Les histoires plaisantes, souvent assaisonnées de gros
sel, gagnaient à être dites en patois. langue qui, comme
le latin, « dans ses mots brave l'honnêteté », et il m'est
resté, dans un repli de la mémoire, une formule souvent
répétée par le narrateur fatigué de raconter des contes, qui
s'en défendait par une plaisanterie rabelaisienne, que l'on
trouve mot pour mot dans « *Le Moyen de parvenir* » du
chanoine Béroalde de Verville, disciple du curé de
Meudon (1558-1623) : « Je vais te dire un conte, celui de
Robert mon oncle qui..... »

Pendant que les mariniers provoquaient ainsi le rire

(1) *Le letien* était proche parent du *goguelin*, être fantastique des
légendes de matelots, qui avait la cale pour domaine. On mettait sur son
compte toutes les mauvaises plaisanteries que faisaient aux nouveaux
venus les malins du bord.

ou la terreur de leur auditoire par des récits où le fabuleux
et le réel se confondaient, la jeunesse turbulente, impatiente d'entendre ces histoires cent fois répétées, se livrait
à des plaisanteries d'un goût douteux, comme celle de
déménager, la veille d'une fête religieuse, tous les sièges
de l'église pour aller les suspendre très haut, aux branches
d'un gros noyer qui, du jardin du presbytère, étendait
son ombre sur la place de la *Virade;* ou, à la porte d'une
étable au sol en contre-bas de la chaussée, dans laquelle
une nombreuse veillée était réunie, de répandre tout à
coup l'eau de plusieurs bacholles préparées au préalable.
L'eau n'était pas, il est vrai, de nature à effrayer une
population, dont les enfants faisaient leur élément préféré
pendant les journées d'été, préludant par des jeux à cette
profession de marinier qu'il leur tardait tant d'embrasser.

Ces mœurs, qui paraissent si lointaines, sont d'hier
encore, puisqu'elles ont survécu de quelques années à la
ruine de la batellerie, provoquée brusquement par l'exploitation de la ligne ferrée, poussée jusqu'à Arvant, vers le
milieu du siècle dernier (1854). Quelques années, elle lutta
contre le redoutable adversaire; des mariniers continuèrent
à conduire, à Paris, des bateaux chargés de pommes, de
jour en jour plus rares et profitaient de leur concurrent
pour rentrer chez eux de façon plus rapide et moins
coûteuse. Mais le service du balisage de la rivière ayant
été complétement supprimé, les derniers obstinés de la
batellerie durent enfin céder dans cette lutte inégale. Force
fut aux charpentiers et mariniers de chercher ailleurs un
gagne-pain : les plus fortunés devinrent agriculteurs et
vignerons, d'autres entrèrent comme employés à la
compagnie des chemins de fer, les derniers se firent
mineurs. La localité si florissante autrefois est bien déchue,
avec sa population diminuée de moitié ; encore une partie
de celle-ci est-elle aujourd'hui composée d'étrangers,
amenés par la nouvelle exploitation de mines de la
Combelle et attirés à Jumeaux par la modicité des loyers.

V. — **La Révolution**.

LA RÉVOLUTION MAL ACCUEILLIE A JUMEAUX. — *Monsieur* SEGUY. —
L'ÉCHAUFFOURÉE DE SAINT-GERMAIN-LEMBRON. — ADMINISTRATION
MUNICIPALE. — PETITES ÉPHÉMÉRIDES LOCALES.

La Révolution fut mal accueillie à Jumeaux. Ce n'est
pas que ses habitants aient été hostiles, ou simplement
réfractaires aux idées nouvelles, bien au contraire : ils
voyageaient trop pour n'avoir pas, depuis longtemps déjà,
ouvert leur esprit à ces idées et plusieurs d'entre eux
avaient pu être témoins à Nantes, où leurs bateaux
arrivaient, du mouvement révolutionnaire qui éclata dans
cette ville, en 1788 (1). Mais précisément parce qu'ils
avaient pu comparer l'oppression et la misère dont souffrait
la plus grande partie du pays, à leur indépendance et à
leur prospérité matérielle, ils étaient loin de désirer un
ordre de choses meilleur, qui risquait pour eux d'être pire.
Les idées politiques n'impressionnent les esprits, qu'autant
qu'elles répondent à des besoins personnels et égoïstes et,
comme le fait remarquer Jaurès (2), les conditions économiques sont le fond de l'Histoire. La prospérité régnait à
Jumeaux ; l'industrie et le commerce n'y étaient gênés
par aucune maîtrise, jurande, corporation ; les impôts
royaux et les charges féodales, qui frappaient surtout les
revenus ruraux, étaient légers à cette population qui ne
tirait de la terre qu'une minime partie de ses ressources.
Leur seigneur féodal était un petit seigneur, envers qui ils
n'étaient soumis à aucune corvée personnelle dégradante (1)
et leur communauté était une véritable petite république.
Aux assemblées, présidées par un syndic élu, ne participait
aucun noble, bailli, officier de justice, ou même simple

____

(1) Plusieurs mariniers de Jumeaux furent plus tard témoins des
noyades de Nantes.

(2) *Histoire socialiste de la Révolution*. Introduction.

bourgeois, qui aurait pu y tenir une place prépondérante, exercer une contrainte sur la liberté des délibérations ; le curé lui-même, qu'ils s'étaient donné et que leur fortune communale permettait de rétribuer, n'avait d'autre influence que celle que pouvait donner sa personnalité. A l'église, construite de leurs deniers, ils n'avaient à souffrir d'aucun de ces droits féodaux de préséance, qui y faisaient traiter le seigneur à l'égal de la divinité et toutes les places, à l'intérieur ou aux processions, étaient mises aux enchères et adjugées au plus offrant, sans distintion : d'ailleurs, personne dans la paroisse ne pouvait se prévaloir d'autres privilèges que ceux que permettaient d'acquérir librement l'intelligence et la fortune.

La **Révolution** vint bouleverser les habitudes et apporter, notamment dans l'organisation des *assemblées paroissiales*, des restrictions qui froissèrent l'esprit égalitaire des habitants de Jumeaux. Alors qu'ils avaient coutume de se réunir librement sur la place, chaque fois que les affaires communales l'exigeaient et sur la simple convocation du *syndic*, faite au prône de la messe, puis à son de cloche, les nouvelles assemblées créées par le règlement du roi du 8 juillet 1787, qui n'avaient pas de pouvoirs et d'attributions plus étendus que les anciennes, devaient avoir lieu une fois l'an, le 1er dimanche d'octobre, et comprendre seulement les habitants majeurs de 25 ans, payant plus de 10 livres de contributions foncière et personnelle ; à Jumeaux, 50 personnes se trouvèrent remplir ces conditions, mais un bien plus grand nombre furent éliminées de l'assemblée, puisque la paroisse comprenait alors 226 feux. La première réunion se tint le

---

(1) Un inventaire dressé, le 26 juillet 1759, par M° Cathol, notaire à Usson, détaille ainsi la garde-robe du seigneur d'Auzat, décédé en son château : « 30 chemises fines ou grosses, 2 habits, l'un de drap vert bordé » d'un galon d'or, l'autre de drap bleu bordé d'un galon d'argent, 4 paires de » bas de soie gris, 4 paires de coton ou fil, 14 tours de col, 13 mouchoirs » de différentes couleurs, une épée à poignée d'argent, une montre en » or, une paire de pistolets et une mauvaise housse brodée en or, avec » les chaperons. »

14 septembre 1788, sous la présidence du syndic, assisté de M' Thomas Dalbine, notaire, pris comme secrétaire ; elle désigna trois contribuables payant plus de 30 livres d'impositions, qui avec le curé et le syndic, formèrent *l'assemblée municipale*, embryon du conseil municipal actuel (1).

Le règlement royal du 24 janvier 1789 appela, il est vrai, tous les habitants de 25 ans à prendre part à la rédaction des cahiers ; mais à Jumeaux, on se méfiait et bien peu de pesonnes se rendirent à la convocation, faite à la messe paroissiale du 1er mars 1789, par le curé, qui donna lecture des lettres royales, du règlement annexé et de l'ordonnance du Sénéchal d'Auvergne y relative. La réunion eut lieu le soir, à l'issue des vêpres et en l'absence du syndic et des nouveaux adjoints élus, Dalbine, que son métier appelait là (2), prit la présidence de l'assemblée, donna lecture du cahier de doléances qu'il avait préalablement rédigé, le fit signer par les quelques citoyens présents et se fit désigner, avec Amable Sabatier et Laurent Lagarde, pour aller le présenter à l'assemblée d'élection « avec tous pouvoirs généraux et suffisants de » proposer, remontrer, aviser et consentir tout ce qui » concerne le besoin de l'Etat, la réforme des abus et » l'établissement d'un ordre fixé et durable dans toutes les » parties de l'administration, la prospérité générale du » royaume et le bien de tous et de chacun ».

Le texte de ce « cahier » ne nous est pas connu ; il ne saurait d'ailleurs présenter beaucoup d'intérêt, puisqu'il est l'œuvre du seul notaire et qu'aucune discussion (faute de discuteurs sans doute) n'en suivit la lecture publique.

L'assemblée électorale qui se réunit dans l'église, le

---

(1) Amable Sabatier, syndic, Jean Mathieu, Louis Bardy et Jean Pruneyre, adjoints.

(2) Le notaire rédigeait jusqu'alors les procès verbaux des délibérations des habitants, dont il gardait minute, comme acte de son ministère.

24 janvier 1790, pour nommer la municipalité, put à grand'peine, à cette première séance, dresser la liste des éligibles (1), installer le bureau électoral et élire le *corps municipal*. Renvoyée au dimanche suivant, 31 janvier, pour désigner les *notables*, qui, avec les membres de la municipalité, devaient composer le *corps communal*, elle réunit un petit nombre d'électeurs, puisque le plus favorisé des élus réunit sur son nom 22 suffrages seulement (2). Dans de telles conditions, le nouveau pouvoir ne pouvait manquer de se heurter à l'hostilité de la population. Les consuls désignés pour la levée de l'impôt de 1790, après avoir refusé de recevoir le rôle des mains du maire, dont ils ne reconnaissaient pas l'autorité, s'opposèrent ensuite à la vérification de leurs comptes par la municipalité. Celle-ci, d'ailleurs, consciente de sa faiblesse, manqua d'activité et c'est le 2 mai 1790 seulement, qu'elle songea à s'installer officiellement (3) ; elle avait cependant adressé, le 25 mars 1790, une pétition pour obtenir la réduction des impôts de la commune, dont le revenu principal, provenant de l'industrie de la batellerie, était grandement diminué par « la stagnation du commerce des charbons » (4). La situation était alors

(1) Pour pouvoir être *notable* il fallait être imposé au taux de 3 journées de travail et de 10 journées pour faire partie du *corps municipal*.

(2) Jean Aubergier, *maire*, Gilbert Sabattier, *procureur de la commune*, Antoine Raynard, Jean Terrasse, Jean Estival, Amable Sabattier, Jacques Raparie, *membres*, Pierre Chambe, Louis Bardy, Jean Bernard, Jean Lassaigne, Julien Chambe. Antoine Raby, Pierre Fontanon, Jean Mathieu, Jean Dufour, Pierre Mathieu, Dalbine, Pierre Guerrier, *notables*.

(3) François Raynard fut nommé *secrétaire-greffier* de la première municipalité. Démissionnaire en 1791 et remplacé par Pierre Deguilhot, *maître d'école*, il reprit ses fonctions, qu'il devait conserver jusqu'au 25 pluviôse an XII, après le départ de celui-ci pour la frontière, en 1792 ; son successeur fut le curé Fousson. A son retour des armées, le 30 floréal an III, Deguilhot fut désigné comme *instituteur* pour les communes d'Auzat et de Jumeaux et son école fut installée dans cette dernière localité, à l'ancienne maison curiale ; il fut en même temps nommé *percepteur à vie* pour les communes de Jumeaux, Auzat, Brassac et Saint-Jean-Saint-Gervais.

(4) Arch. départ., L. *District d'Issoire*, 66.

vraiment critique à Jumeaux, où le chômage oblige
plusieurs familles à quitter le pays et les plaintes renou-
velées en 1791, 1792 et 1793 signalent à l'autorité cette
détresse.

Les membres de la municipalité eux-mêmes se sou-
mettaient mal aux réglementations qu'ils n'étaient point
habitués à subir et c'est ainsi que, le 25 juillet 1790, l'un
d'eux, Amable Sabattier, constructeur de bateaux, se vit
dresser contravention, par la garde nationale, pour avoir,
avec 4 des ouvriers de son chantier, travaillé un dimanche.
Ce corps lui-même, qui avait Dalbine fils pour commandant, était en butte aux quolibets de la population
frondeuse, provoqués par une aventure héroï-comique. Le
16 septembre 1790, deux fusiliers désignés, comme chaque
jour, « pour veiller au bon ordre et à l'exécution des
réglements », faisaient patrouille en armes, sur le coup de
midi. Ils surprennent un berger qui faisait pacager
40 moutons dans les bois du maire et s'emparent d'une
des bêtes ; mais le berger furieux les poursuit à coups de
pierres et les force à lâcher leur proie, « devant le danger
éminent », dit leur procès-verbal. L'un des gardes nationaux voulut tirer, mais son fusil rata ; pourtant, à une
distance éloignée, avouent-ils, ils firent parler la poudre
pour intimider le berger, dont la fureur au contraire
redoubla et qui continua sa poursuite. Tout penauds, ils
allèrent se plaindre au patron du berger, qui se moqua
d'eux et les calma avec deux bouteilles de vin. Ils s'étaient
gardés d'ébruiter leur mésaventure, qui arriva néanmoins
aux oreilles de leur commandant et celui-ci les obligea à
en dresser procès-verbal.

Le 28 novembre 1790, à l'issue de la seconde messe,
dans l'église, « seul lieu capable de contenir les habitants »,
les électeurs, dont la liste comprenait exactement 329 citoyens, avaient été convoqués pour renouveler la moitié
des municipaux et des notables sortis au sort ; huit d'entre
eux se présentèrent, tous officiers municipaux et ce fut le

27 février 1791 seulement, qu'il fut possible d'en réunir un nombre suffisant pour assurer l'élection (1). Le maire, d'ailleurs, reconnaissant son impuissance, allégua son grand âge pour démissionner ; il fut remplacé par Julien Seguy, dit *le fillâ*, jeune homme de 28 ans, en ce moment à Paris pour ses affaires, que l'on désigna sans même le consulter.

Le choix ne pouvait être plus heureux et il s'imposait. Julien Seguy, qui était connu, à Jumeaux, sous le nom de « *monsieur Seguy* », marchand et constructeur de bateaux, était instruit et intelligent. Sa famille lui avait laissé quelque fortune qui, accrue par son travail et son activité, lui permit de répandre des bienfaits autour de lui. N'ayant point fondé de famille, il adopta ses nombreux neveux, les fit instruire et les établit. Sa charité envers ses compatriotes fut intarissable et toujours éclairée. Même aux époques où, contre le gré de ses concitoyens, le pouvoir le tint éloigné des affaires publiques, il ne cessa de mettre son expérience et sa bourse à leur service (2). Démocrate ardent et convaincu depuis l'adolescence, il se garda de verser dans la démagogie et, grâce à lui, sa commune n'eut à souffrir d'aucun des excès de la Révolution. De même, il défendit ses compatriotes avec une courageuse obstination contre la tyrannie des autorités révolution-

<hr>

(1. Plus de la moitié de ces 329 électeurs se groupaient sous douze noms patronymiques (Sabattier, Bardy, Pruneyre, Aubergier, Seguy. Raynard, Feneyrol, Lassaigne, Bonnat, Chambe, Mathieu, Rome) et 60 noms seulement figuraient une seule fois sur la liste ; aussi devenait-il difficile de distinguer entre elles les nombreuses branches d'une même famille et c'est au moyen de *sobriquets* qu'on y parvenait, dans le choix desquels la malignité et la fantaisie se donnaient libre cours : Sabatier dit *Pinte*, Sabatier dit *Nonc*, Seguy dit *Machonc*, Seguy dit *le fillâ*, Seguy dit *Loragne*, Chambe dit *Courquaret*, Chambe dit *Pougnede*, Chambe dit *Maille*, Bardy dit *Cacone*, Pruneyre dit *Potte*, Jurget dit *Mondor*, Fouret dit *Ricandet*, Roche dit *Cent eous*, Cholon dit *Idem, le Cara, Carcaille, Bénicle, Rambaullé, Patraque, l'Empetra, le Barbillou, Tin coube*...

(2) En 1817, il avait acheté un terrain, quartier de la *Virade* et fait édifier de ses deniers un bâtiment, pour recevoir pendant l'hiver les malheureux sans abri et sans feu.

maires et ceux-ci, en retour, ne cessèrent de lui témoigner un indéfectible attachement, notamment après que le représentant du peuple *Musset* l'eut destitué, le 10 nivôse an III, de ses fonctions de maire. Musset ne put trouver, à Jumeaux, de citoyens qui consentissent à prendre la place de la municipalité dissoute : il nomma maire, contre son gré, Jean Aubergier, qui protesta publiquement contre la contrainte qui lui était imposée et « c'est avec douleur, » écrit-il au registre des délibérations, que je me vois » aujourd'hui forcé à faire des observations sur l'accep- » tation du titre de maire, me voyant incapable d'en » remplir les fonctions ». Et il signe : « *maire provisoire* », ne cessant de se considérer comme tel pendant tout son exercice, qui se borna aux mesures d'administration les plus indispensables. De même, l'agent municipal désigné proteste et indique qu'il a dû accepter cette fonction « par obéissance à la loi », se réservant « de se pourvoir » devant qui de droit pour nous faire remplacer dans cette » fonction honorable, que nos facultés ne nous permettent » pas d'exercer ». Les électeurs, à leur tour, protestèrent contre l'atteinte portée à la liberté, en s'abstenant de prendre part aux assemblées électorales : au scrutin du 15 brumaire an IV, 36 d'entre eux exprimèrent leur vote et à celui du 10 germinal an VI, 4 citoyens seulement se présentèrent à l'église et prirent part au vote pour le renouvellement d'officiers municipaux. Dès qu'ils purent librement exprimer leur volonté, le 25 pluviôse an XII, ils portèrent de nouveau M. Seguy à la mairie.

Les qualités de l'intelligence et du cœur de M. Seguy ne lui avaient pas seulement gagné l'estime et l'affection de ses concitoyens ; elles lui avaient valu au dehors de brillantes relations et il était l'ami du baron Ramond, conseiller d'État, membre de l'Institut, préfet du Puy-de-Dôme en 1806, qui le présenta, au Mont-Dore, au maré-chal de Saint-Cyr, ministre de la Guerre. Destitué une seconde fois, en 1815, par la Restauration, il n'en continua

pas moins ses bienfaits à ses anciens administrés jusqu'à
sa mort. survenue en 1827 (1). La sincérité des con-
victions politiques et philosophiques s'alliait, chez
M. Seguy, à une grande bonté et à un esprit libéral, grâce
auquel les mesures révolutionnaires qui devaient atteindre
la population, dans ses croyances religieuses, furent
grandement atténuées. La municipalité exécuta l'arrêté du
représentant du peuple Musset. du 20 pluviôse an II,
prescrivant de briser les croix et d'en vendre ensuite les
débris, en adjugeant au plus offrant. sans y toucher, les
croix du *Pouget* et de *St Nicolas*, sous la simple promesse
de les enlever. Le 7 frimaire de la même année, pour
obéir à l'arrêté du District d'Issoire, trois municipaux se
rendirent à l'église de Jumeaux. pour prendre possession
des clefs : « étant arrivés, est survenu un grand nombre
» de femmes, qu'elles ont fortement crié contre nous,
» croyant que nous allions dévaster l'église et emporter
» tout ce qui pouvait s'y trouver, et malgré nos prières,
» elles ont sonné le tocsin. Nous avons pris tous les
» moyens possibles pour les modérer ; en ce moment tout
» le monde nous a paru tranquille et nous nous sommes
» de suite retirés. » Il ne semble pas qu'il y ait eu alors, à

(1, Ses funérailles donnèrent lieu, à Jumeaux, à un véritable scandale.
Comme il avait refusé, sur son lit de mort. de recevoir les sacrements
de l'Eglise, le curé le fit enterrer dans le coin du cimetière réservé aux
noyés et aux suicidés et ne recula pas à lancer, dans la presse, contre sa
mémoire, des insinuations perfides. *L'Ami de la Charte* ayant relevé les
diffamations et les procédés malveillants du curé, à l'égard d'un homme
universellement aimé et respecté, celui-ci fit répondre par le maire que
le défunt avait été enseveli à l'endroit désigné par sa famille. Mais, peu
après, le maire, honteux du rôle qu'on lui faisait jouer, se rétracta et
écrivit que le curé avait profité de sa maladie et extorqué sa signature,
à une lettre qui n'était pas de lui. Malgré les dénégations des amis du
curé et de *l'Ordre*, il fut avéré que c'est bien sur l'ordre formel du curé
que le corps de M. Seguy avait été enseveli dans un coin désert du
cimetière, sous une gouttière de l'église, au lieu de l'être à côté de ses
sœurs, comme le voulait la famille. Ce même curé, dont l'intolérance
avait soulevé contre lui la population de Jumeaux, fut condamné quelques semaines plus tard, par le Tribunal correctionnel d'Issoire, pour
avoir giflé, en pleine église, la femme d'un marinier.

Jumeaux, plus d'effervescence que tout récemment, dans le plus grand nombre des communes, à l'occasion des *Inventaires* des églises.

Lorsque M. Seguy fut appelé à diriger les affaires municipales de Jumeaux, la situation de la région était critique. Le commerce des charbons, languissant, laissait sans travail un grand nombre d'ouvriers mineurs et, par contre-coup, de charpentiers à bateaux et de mariniers; les localités surpeuplées de Jumeaux, Brassac et Auzat étaient loin de produire des aliments pour leur consommation et les montagnes environnantes étaient pauvres en blé. La récolte de l'année 1792 fut généralement médiocre en France et partout le prix du pain augmenta. Le désœuvrement et la misère suscitaient bien des colères à Jumeaux : déjà le premier jour de septembre, à la sortie de la messe, la foule s'étant ruée à la *municipalité* où étaient déposés, depuis quelque temps déjà, les registres de recette des cens et les *terriers* du couvent d'Esteil, les porta sur la place et les brûla. C'était pour elle le symbole de toutes les oppressions fiscales qu'elle croyait éteintes ; aussi hommes et femmes criaient-ils, en faisant la ronde autour du feu de joie, qu'ils ne voulaient plus payer aucun impôt. Cependant le spectre de la faim (car on manquait de pain à Jumeaux) allait pousser la population à de bien plus graves extrémités. La municipalité de Jumeaux écrit, le 17 septembre 1792, au District, qu'elle ne peut plus retenir la foule : les habitants veulent contraindre les accapareurs de blé à rendre gorge et obliger la municipalité à prendre leur tête, pour aller, de concert avec Auzat et Brassac, contraindre les marchands de blé à le leur fournir au prix qu'ils fixeront eux-mêmes, soit

12 livres le setier (1). La municipalité de Brassac, de
son côté, dénonce comme imminente, pour le lendemain 20 septembre, la ruée de la foule au marché de
Saint-Germain-Lembron, d'où la région tirait sa subsistance. Le District, qui avait assez facilement calmé
une émeute de ce genre, à Issoire, requit les gardes
nationales d'Issoire et d'Ardes de se rendre aussitôt à
Saint-Germain, prêter main-forte à celle de cette ville et
adressa, en même temps, aux communes soulevées, une
invitation au calme, en rappelant les rigueurs de la loi
contre les émeutiers. La lettre, lue à Jumeaux, le 19, à
5 heures du soir, à la foule assemblée, ne fit que l'exciter
davantage et les municipaux furent impérieusement
sommés de prendre la tête du cortège, le lendemain matin,
sous menace de voir piller leurs maisons. La nuit fut
pleine d'agitation et dès 6 heures du matin, les municipaux réunis s'engagent à résister aux émeutiers et à
« mourir plutôt que d'abandonner leur poste permanent ».
Cependant le tambour bat le rappel et, à 8 heures, les
habitants sont réunis sur la place ; le maire, suivi de son
conseil, s'y rend aussi pour tenter une dernière démarche
et engager la foule à renoncer à ses projets : le secrétaire
donne lecture de la loi du 18 juillet 1791 et des pénalités
qu'elle réserve aux émeutiers, et le maire somme, pour la
dernière fois, ses administrés de rentrer chez eux. Les
municipaux, les notables, les officiers de la garde nationale
joignent leurs prières et leurs efforts aux siens. Peine
perdue ; ni prières, ni menaces ne peuvent faire changer
les dispositions de la foule entêtée : il faut que la municipalité marche à leur tête ! Reconnaissant que c'est peut-
être le meilleur moyen d'empêcher des excès, car tous
sont armés de haches tranchantes, outils de leur métier,
le maire se décide à obéir, mais à la condition que tous

___

1) Le fait s'était déjà produit en d'autres localités, dès les premiers
mois de l'année. (JAURÈS, *Histoire socialiste*, tome II, 1071.)

s'engagent par serment à ne porter aucune atteinte aux
personnes et aux biens. Les paroles du maire sont
accueillies par des cris de joie et levant leurs chapeaux,
ils prêtent le serment demandé. La troupe se met en
marche, avec à sa tête Seguy, Dalbine, Aubergier, Estival
et Bardy, membres de la municipalité. Elle passe l'Allier au
bac de *la Roche*, rencontre, à la Combelle, celle venue de
Brassac, qui est également précédée de ses officiers municipaux et se joint à elle. Bergier, juge de paix du canton de
Brassac, Feuillant, son greffier, Vernière, maire de Brassac,
et Grimardias, ancien maire. Sadourny, commandant de la
garde nationale du canton de Lamontgie, sont parmi eux.
En route, les habitants d'Auzat se joignent à la colonne,
qui, drapeaux déployés et tambour battant, se dirige sur
Saint-Germain-Lembron. Jean Altaroche, administrateur
du district d'Issoire, accompagné d'un détachement de la
garde nationale de cette ville, de gendarmes et de
deux pièces de canon, les y avait précédés. Il trouva, à
Saint-Germain, la garde nationale d'Ardes, déjà rangée
en bataille, sur la place d'armes. La force armée d'Issoire,
reçue par la municipalité et les gardes nationaux de Saint-
Germain, qui lui offrent des rafraîchissements, se range
de même sur la place du marché aux grains. A ce moment,
on annonce l'arrivée de la troupe des émeutiers, précédée
de deux drapeaux. Les gardes nationaux sortent de la ville
et se rangent, en bataille, sur un petit monticule dominant
le chemin. Devant ce déploiement de forces, les autres
s'arrêtent et, sur les ordres des chefs, se rangent, en ordre,
le long de la route, à 600 toises environ. Les municipaux
de Jumeaux se détachent aussitôt, pour se rendre chez les
marchands de grains et les prier de faire porter, au marché,
tous leurs approvisionnements, afin de donner satisfaction
aux affamés. A la maison commune de Saint-Germain,
ils trouvent leurs collègues de cette ville, tout prêts à
accéder à leur demande et promettant d'obliger, au besoin
par la force, les détenteurs de grains à les porter au

marché. Au moment où ces pourparlers s'engageaient, promettant une issue favorable, Sadourny, Bergier et son greffier se détachaient de la troupe et s'avançaient, sans armes, vers la force armée que les rafraîchissements, trop copieusement distribués, avaient échauffée, lorsque de ses rangs partit un coup de feu, qui ne blessa personne, dit le procès-verbal d'Altaroche, qui atteignit Sadourny et Feuillant, dit celui de la municipalité de Jumeaux. Altaroche, cependant, donne des ordres et fait signe aux délégués d'approcher sans crainte ; il leur fait observer, qu'avant tout, il faut obéir à la loi et comme preuve de cette soumission, il exige que la troupe des protestataires se retirera de cent pas en arrière, puis désignera 24 délégués qui viendront présenter leurs revendications aux commissaires du district. Au moment où, pour se conformer à ces injonctions, la troupe se mettait en mouvement, deux nouveaux coups de feu sont tirés par les gardes nationaux, dit le procès-verbal, rédigé le soir même de l'événement, à dix heures, par la municipalité de Jumeaux ; contre le bataillon de la garde nationale d'Ardes, dit Altaroche, et « qui ont *failli* frapper le chef de cette légion et un gendarme national ». Excités par les libations, les gardes d'Ardes et ceux d'Issoire s'avancent alors contre les rebelles qui fuient en débandade ; ils les pressent, les poursuivent, à coups de baïonnettes et de sabres, jusqu'à la rivière d'Allagnon, dans laquelle plusieurs se noyèrent. Sur le champ de bataille même, on releva un tué et plusieurs blessés, ainsi que les deux drapeaux, plusieurs haches, des fusils, des piques et un tambour. Le juge de paix de Saint-Germain, qui procéda à une enquête, crut pouvoir affirmer que 21 hommes furent blessés par les gardes nationaux. La municipalité de Jumeaux, qui revenait de Saint-Germain, assista de loin, impuissante, à cette boucherie ; le commissaire du district, craignant contre ses membres des représailles, voulut les retenir, mais malgré son insistance, ils refusèrent de rester plus longtemps, disant que le devoir les appelait auprès de leurs administrés. Ceux de Brassac, redoutant d'être accusés de trahison par les leurs, n'osèrent aller les rejoindre.

Le Conseil général du département, avisé de ces faits, prescrivit des poursuites contre les instigateurs de l'émeute et délégua deux commissaires à Brassac, Jumeaux et Auzat « pour faire connaître aux habitants de ces » paroisses tous les dangers d'une conduite aussi contraire » au bon ordre, leur inspirer l'horreur qu'ils doivent avoir » pour la guerre civile, calmer leurs inquiétudes sur les » subsistances et leur assurer que les auteurs des attrou- » pements seront livrés aux rigueurs de la justice ». Les commissaires se rendirent aussitôt dans les communes : à Jumeaux, tout était rentré dans l'ordre, grâce à l'inter- vention de la municipalité ; à Brassac, dit le procès-verbal des commissaires, dressé le 26 septembre, on les chargea même de passer à Saint-Germain, pour prier les habitants d'oublier tout ce qui s'était passé et de dépouiller, à leur égard, toute animosité. Il ne fut plus question de pour- suites, les fauteurs des troubles ayant été trop sévèrement punis de leur échauffourée ; à Jumeaux, ils ne purent dépouiller un sentiment de rancune, à l'égard du nouveau régime, pour la répression brutale, traîtresse même, à leur jugement, dont ils avaient été victimes, et ce sentiment contribua, sans nul doute, à fortifier la résistance opiniâtre qu'ils opposèrent, par la suite, à la mission des délégués que le Comité de Salut public leur envoya (1).

.·.

La nouvelle administration municipale, instaurée par la Révolution, fut, à Jumeaux, un certain temps à prendre

(1) Archives municipales, Archives départementales, L. *Administra- tion centrale*, 505.

conscience de ses devoirs et les affaires communales souffrirent du désarroi causé par le changement de régime. On s'aperçut, en 1793, que les rues et chemins n'existaient plus qu'à l'état de cloaques et que la caisse municipale était vide ; les anciens *syndics* n'avaient pas rendu leurs comptes et les revenus communaux cessé d'être recouvrés. Un officier municipal fut alors désigné pour faire rentrer tous les arrérages dus à la commune et, en attendant les fonds, on recommanda aux habitants de boucher les trous de la rue, devant leur porte. L'administration départementale accorda un secours de 400 livres, à employer en *ateliers de charité*, à l'élargissement du chemin dit de *coupe-gorge*, par où descendaient, de la montagne, les bois à bateaux (1).

Cette année 1793, le contingent de la commune pour les enrôlements *volontaires* fut fixé à vingt conscrits (loi du 24 février 1793). Un seul s'engagea volontairement et l'on dut tirer au sort les 19 autres. Les réquisitions pour l'armée donnent : 17 fusils, 6 sabres, 6 selles et autant de brides, une paire de bottes et un portemanteau.

Le 10 nivôse an II (31 décembre 1793), pour mettre en concordance les salaires avec le prix des denrées taxées au *maximum* par la loi, la municipalité décide que les journaliers agricoles ne seront plus nourris à l'avenir et fixe leurs journées à 25 sols et deux *cartes* de petit vin pour les hommes, et à 15 sols et 2 cartes de vin pour les femmes. Aux vendanges de l'an III *septembre 1794*, les prix sont, pour les hommes, de 25 sols par jour et nourris; pour un bouvier, avec ses bêtes et son *barrot*, de 6 livres. A forfait, pour la conduite d'une *bacholle* : 7 sols 6 deniers, sans nourriture.

1) Ce chemin aboutissait à droite de l'église, par un passage à pied : le propriétaire, au détriment de qui on devait agrandir ce chemin, l'avait coupé par un fossé et lorsque les ouvriers voulurent pénétrer dans la propriété, avec un char de pierres, sa femme, armée d'une pince, frappa les bouviers, les bestiaux, le piqueur lui-même.

Pendant toute la période révolutionnaire et sous l'Empire, deux maires furent appelés successivement à diriger la commune : Julien Seguy et Jean Aubergier, sans qu'aucune rivalité politique ou personnelle ait affecté leurs relations d'estime personnelle et, par conséquent, divisé le pays. On a vu comment M. Seguy continuait ses bienfaits à ses concitoyens, à l'époque où il était éloigné des affaires publiques ; réciproquement, pendant son administration, chaque fois que la municipalité avait à distribuer des secours, recueillir des dons en nature ou en argent, pour les défenseurs de la patrie, c'est à l'ancien maire Jean Aubergier qu'étaient confiées ces missions délicates.

Pour ne pas rester en dehors du mouvement, la commune s'abonne, le 25 fructidor an II *(12 sept. 1794)*, pour le prix de 15 livres, à une feuille qui s'imprime à Issoire et qui, chaque décade, « doit publier les Décrets » de la Convention, les Arrêtés les plus nécessaires et ce » qui se passe de plus remarquable dans les armées ». En 1814, au moment où les frontières sont envahies, la population désirant être renseignée journellement sur la situation des armées, la commune s'abonne, pour 3 mois, au *Moniteur*, qu'un exprès ira chercher, chaque matin, à Issoire, et dont il sera fait lecture tout haut, à la maison commune, dès sa réception.

Le 7 pluviôse an III *(27 janvier 1795)*, la municipalité réitère les prohibitions édictées par son arrêté du 19 février 1792, de : 1° fréquenter les cabarets, après neuf heures du soir, 2° porter des épées et jeter des pelotes de neige, de faire des glissières sur les rues et chemins.

Le 30 ventôse an VI *(20 mars 1798)*, on célèbre, à Jumeaux, la fête de la *Souveraineté du peuple*, dont voici le compte rendu officiel, transcrit sur le Registre de la Municipalité et dont copie fut envoyée au Directoire :

« Liberté, Egalité. — Aujourd'hui, 30 ventôse, an VI de

» la R. F. indivisible et impérissable, nous Agent muni-
» cipal et Adjoint de la commune de Gimeaux, canton de
» Brassac, avons, au bruit de caisse, fait assembler, sur la
» place publique, tous les citoyens et après avoir fait lec-
» ture de la loi qui ordonne la fête de la *Souveraineté du*
» *peuple*, avec la proclamation du Directoire exécutive y
» relative, nous nous sommes ren lus à la maison commune,
» avons choisi parmi les citoyens les plus âgés, au nombre
» de 12, avons donné à chacun une baguette blanche, qu'à
» l'instant ils se sont choisi eux-mêmes quatre jeunes
» gens patriotes, lesquels se sont munis chacun de
» l'écriteau ordonné par la loi, et de suite avons été en
» cérémonie à la dite place, au devant de l'autel de la
» Patrie. Les vieillards se sont rangés en demi-cercle,
» nous ensuite. l'instituteur et ses élèves se sont aussi
» placés au lieu destiné ; la garde nationale sédentaire
» occupait l'extérieur de l'enceinte. Un des vieillards a
» fait la proclamation juridique et une réponse a été suivie
» par l'agent, et il a fait, sur-le-champ, lecture de la
» proclamation adressée par le Directoire exécutif. Il
» s'est élevé des chants analogues à la fête et des hymnes
» patriotiques. Le cortège est revenu à la maison commune,
» où on a exercé plusieurs danses. »

On lira peut-être avec intérêt le récit de deux autres
cérémonies officielles, dont les archives communales nous
ont conservé les comptes rendus.

L'empereur Napoléon avait promis une dot de 600 francs
à une jeune fille vertueuse du canton, qui épouserait un
militaire retraité. La commission, composée du juge de
paix, du maire de Jumeaux, de celui d'Auzat, du curé
doyen de Brassac et du desservant de Jumeaux, désigna,
comme mari, Jean Raynard, de Jumeaux, 23 ans, chasseur
réformé après les campagnes d'Allemagne, pour avoir été
amputé du pouce gauche, et, comme épouse. Louise
Jouhannet. aussi de Jumeaux, 20 ans. « d'une famille
» honnête et sans tâche, fille d'une figure agréable et

» intéressante, mais plus intéressante elle-même par sa
» conduite, par ses vertus morales et par toutes les
» qualités propres à devenir bonne épouse et bonne mère ». —
Les deux maires vont, le 13 avril 1810, faire la demande
aux parents ; ceux-ci, accompagnés de leur fille, viennent
ensuite témoigner à la Commission « leur allégresse et
» leur reconnaissance. Les époux et leurs parents sont
» réunis et à l'instant, éclatent, dans la salle et sur la
» place publique, des cris redoublés de : Vive l'Empereur !
» Vive l'Impératrice ! »

Le 25 août 1816, à 6 heures du matin, sur l'ordre du
maire, plusieurs coups de pétard annoncent la fête
organisée en l'honneur du retour des Bourbons. « En
» même temps, les ménétriers et tambour de Jumeaux
» ont parcouru les rues et les citoyens ont été invités à se
» joindre aux autorités, pour concourir aux cérémonies
» de cet auguste jour. » A 10 heures, le maire et l'adjoint,
précédés des musiciens et suivis de la population, se
rendent à l'église, pour assister à la messe. « La messe
» a été chantée solennellement ; M. Chevans, desservant,
» a inséré dans son prône un discours improvisé(?), par
» lequel il a fait vivement sentir le grand bonheur
» qu'éprouve la France, de sa régénération, par la
» possession de la famille des Bourbons et démontré que
» le respect et la soumission, dus au prince légitime,
» sont un des articles principaux de notre religion. A la
» fin de la messe, le *Domine salvum fac regem nostrum*
» *Ludovicum XVIII* a été chanté et, extérieurement à
» l'église, des pétards ont signalé le moment où les fidèles
» adressaient au roi des rois leurs vœux pour la
» prospérité de notre auguste souverain et de sa famille.
» Après vêpres, des danses publiques ont eu lieu, le reste
» du jour. A 6 heures, il y a eu banquet : MM. les Maire
» et Adjoint y ont assisté ; des toasts ont été portés au
» roi, à la famille royale, au bonheur de la France. Enfin,
» à l'entrée de la nuit, MM. les Maire et Adjoint ont été

» allumer un feu de joie, entourés d'une population
» nombreuse, qui a souvent fait entendre les cris de :
» Vive le Roi! »

Moins d'une année auparavant, la France était souillée
par les armées étrangères et la localité elle-même était
occupée par l'extrême pointe des troupes d'invasion,
composée d'un détachement de cosaques, alors que les
troupes françaises, cantonnées à Brassac, occupaient la
rive gauche de l'Allier.

VI. – Le « **Maximum** ».

La mission de Monnet, délégué du Comité de Salut public. — Son impuissance et son rappel. — Son successeur Larcher n'obtient pas de meilleurs résultats.

Pour combattre la disette qui régnait partout et mettre
un terme à la cupidité des gros marchands, la Convention
avait cru trouver le remède en fixant un prix *maximum*
à la vente du blé et des farines : les populations elles-
mêmes, trop disposées, en France, à invoquer, à chaque
crise, l'assistance de l'État, avaient elles-mêmes sollicité
la mesure et croyaient fermement à l'efficacité du remède.
On sait la famine qui s'ensuivit, dans le département
même, pays producteur (1). Fatalement, le gouvernement,
entraîné dans son erreur, dut taxer par la suite tous les
objets de première nécessité (décret du 26 juillet 1793),
dont la liste devait s'allonger indéfiniment et atteindre,
comme dans le district de Thiers, jusqu'aux cocardes
tricolores (2).

On verra, à Jumeaux, quelle crise commerciale amena
l'application du principe : tant que dura le *maximum*, le
pays fut en rebellion ouverte contre l'autorité, impuissante

(1) Voir MÈGE : *Le Puy-de-Dôme en 1793 et le Proconsulat de Couthon*
(3ᵉ Partie, Chapitre II).
(2) *Id.*, page 479.

à imposer la loi, que l'on estimait d'intérêt général, à toute une population, dressée pour la défense de ses intérêts économiques. Le décret de la Convention du 29 septembre 1793, qui prescrivait aux municipalités de taxer les nombreux objets, dont il donnait la liste, à un prix *maximum* égal à la valeur de chacun d'eux en 1790, augmenté d'un tiers, fut publié à Jumeaux devant les citoyens assemblés, le 7 brumaire an II *(29 octobre 1793)*. En même temps, commencèrent les réquisitions nationales. Les besoins pour l'armement des soldats de la nation sont parmi les plus urgents et il faut activer la production et l'envoi des charbons, si nécessaires aux fabriques d'armes. Celle de Clermont est à la veille de chômer, car les basses eaux n'ont pas permis le départ des bateaux : le 11 frimaire an II *(1 décembre 1793)*, un commissaire est envoyé à Brassac, avec pleins pouvoirs du représentant du peuple, pour réquisitionner, dans la région, tout le charbon nécessaire à cette fabrique. En même temps, l'atelier de ferrage de chevaux du dépôt de Clermont adresse ses réquisitions, pour prendre aux chantiers de Jumeaux, au prix du *maximum*, les bateaux nécessaires au transport de 30 voies de charbon. Ces réquisitions isolées, faites sans préoccupation des besoins du voisin, ne pouvaient qu'être funestes au bon fonctionnement de tous les services ; Paris, d'ailleurs, manquait totalement de charbons et il était urgent de l'approvisionner. Les vastes ateliers qu'on y avait établis, autour de la place Royale, pourvus d'ouvriers habiles, et qui devaient fournir, en quantités considérables, fusils, canons et autres engins de guerre, avaient dû éteindre le feu de plusieurs forges, malgré l'application de la loi du 23 août 1792, renvoyant à la mine et au chantier tous les jeunes mineurs et charpentiers, déjà incorporés dans les trois bataillons levés dans le département.

Le Comité de Salut public, par son arrêté du 29 brumaire an II (19 novembre 1793), délégua en Auvergne un commissaire chargé de faire arriver à Paris, « par les moyens les plus expéditifs, le charbon qu'il trouvera et pourra mettre en réquisition », destiné à assurer le fonctionnement de ces fabriques (1), et désigna, pour remplir cette mission, l'ancien Inspecteur général des mines Monnet (2). Celui-ci arriva à Brassac le 2 pluviôse an II (21 janvier 1794), accompagné de sa fille et logea dans la maison de l'émigré Seguin.

Tout d'abord, Monnet prescrivit que tous les bateaux en chantier fussent exclusivement employés au transport des charbons à Paris, à la teneur de neuf voies par bateau. Les principaux constructeurs de Jumeaux lui promirent d'assurer à bref délai la conduite du charbon extrait, savoir : Julien Seguy, 200 voies ; François Sabatier, autant ; Aubergier père et fils, 460 voies ; Terrasse père et fils, 240 voies ; Tixier frères, 120 voies et Lagarde autant. Les petits fabricants ne se soumirent pas aussi facilement et tentèrent de soustraire leurs

(1) *Recueil des Actes du Comité de Salut public*, publié par AULARD.

(2) MONNET (Antoine-Grimoald) naquit à Champeix en 1734. Il appartenait à une famille bourgeoise qui, chargée de nombreux enfants, comme presque toutes celles de l'ancienne bourgeoisie, ne put lui donner une éducation complète ; aussi, de bonne heure, dut-il chercher dans son travail personnel les moyens de compléter son instruction. A 17 ans, il entrait à Paris, comme employé, chez un apothicaire. Travailleur acharné, il se passionna pour la chimie et appela l'attention du monde savant par deux mémoires qu'il présenta à l'Académie des sciences. En 1766, il fut chargé de professer la chimie dans un laboratoire que M. de Malesherbes avait installé à Paris, pour l'étude de la médecine et de la chimie. Ses travaux, appréciés, lui valurent des missions d'études à l'étranger et le poste d'inspecteur général des mines et de membre du Conseil des mines. A ces titres, il vint plusieurs fois en Auvergne étudier la constitution géologique du sol : il connaissait donc parfaitement le bassin houiller de Brassac. Bien que lié d'amitié avec les plus grands esprits de l'époque, son entêtement scientifique et son caractère entier lui créèrent beaucoup d'ennemis sous l'ancien régime, comme ses sentiments contre-révolutionnaires le rendirent suspect à la République. La Révolution l'avait ruiné, la Convention lui supprima son traitement d'inspecteur général et c'est sous la menace de la misère pour lui et ses enfants, qu'il accepta la mission que lui confiait le Comité de Salut public, car « il lui répugnait de servir une cause » si opposée à sa manière de penser et d'être obligé de feindre des » sentiments qu'il n'avait p...». Lors de la réorganisation du corps des mines, il fut rappelé à son ancien emploi et mourut à Paris le 23 mai 1817.

bateaux à la réquisition ; aussi, dès le 5 pluviôse (24 janvier 1794), la municipalité dut-elle déléguer deux de ses
membres pour surveiller les chantiers et s'opposer aux
départs clandestins de bateaux. Au début, les municipalités du bassin apportèrent à Monnet une aide dévouée.
De concert avec lui, elles firent concentrer au port de
Brassaget tous les charbons de la région, réparer les
chemins qui y conduisaient, envoyèrent leurs commissaires
dans la montagne, y requérir, au prix du *maximum*, les
bois nécessaires à une fabrication intensive des bateaux.
Le jour même où ces mesures étaient décidées (9 pluviôse),
Monnet prenait un arrêté pour réduire les réfractaires.
En effet, les petits fabricants de bateaux, ouvriers associés
(et c'était le plus grand nombre), ne tenant aucun compte
des réquisitions et du maximum, continuaient à vendre
leurs bateaux aux plus offrants, ou se bornaient à fabriquer
de petits bateaux, *futureaux* et *toues*, d'un prix taxé plus
avantageux, ou plus simplement, enfin, fermaient complètement leurs chantiers et allaient travailler leurs champs
et leurs vignes. D'autres, semblant se soumettre, faisaient
partir leurs bateaux, à charge la plus réduite, les déchar-
geaient, en cours de route, sur d'autres et les vendaient à
bon prix. Monnet interdit cette pratique, en obligeant à
charger les bateaux, au départ, à neuf voies au moins ;
il défendit, en même temps, aux charpentiers de quitter
l'atelier et rendant les municipalités responsables des
infractions, leur prescrivit de désigner des commissaires,
chargés de surveiller les ports et les chantiers ; il édicta
enfin une amende de 1.000 livres, pour livraison clan-
destine d'un bateau et, de 300 livres, pour insuffisance de
chargement.

Cependant, les habitants de Jumeaux n'obéissent pas
plus aux arrêtés de Monnet qu'aux décrets de la Convention : le *decadi* n'est pas observé ; par contre, personne
ne veut travailler le dimanche, malgré les arrêtés de la
municipalité, menaçant d'amendes patrons et ouvriers,

(12 pluviôse), punissant les cabaretiers qui donnent à boire le dimanche, « vieux style » (12 ventôse). Sabatier refuse de déférer à la réquisition des commissaires, chargés d'aller en montagne recenser les bois de construction et de leur prêter son cheval, estimant que cet animal « est plus nécessaire à ses affaires qu'à celles de la République ». Les bateaux continuent à disparaître des chantiers, pendant la nuit et la municipalité n'ose sévir, se bornant à menacer le contrevenant de le faire arrêter comme suspect. Monnet fait retenir, à Coudes, un bateau vide ; mais sur les instances de la municipalité, consent à ne point le confisquer, mais à faire payer à l'acquéreur une amende de 300 livres, ce qui portera ainsi à 1.175 livres, le prix du bateau et le « guérira, ainsi que tout autre, de l'ambition de venir chercher dans notre port des bateaux, parce qu'ils sont meilleur marché que chez eux » (1) Le 1er ventôse, Julien Chambe est surpris avec 5 bateaux, chargés de 28 voies de charbon seulement : il refuse de compléter la charge et les emmène, malgré les commissaires. Monnet le condamne à 1.500 livres d'amende, modérée à moitié, aux prières de la municipalité. Cet exemple n'empêche pas le trafic clandestin des bateaux, qui continuent à disparaître pour aller, le long de la rivière, charger du vin et autres marchandises, à destination de Paris, plutôt que du charbon. Les commissaires de la municipalité de Jumeaux n'exécutent les ordres de Monnet qu'avec mollesse, s'ils ne ferment pas tout à fait les yeux et celui-ci doit les remplacer par des hommes de son choix. La municipalité elle-même, qui a souvent imploré, pour ses administrés, la clémence du Délégué, ne tarde pas à lui opposer une résistance, passive d'abord, mais qui dégénérera bientôt en lutte ouverte, dans laquelle celui-ci devait succomber.

Malgré les pouvoirs dictatoriaux que le Comité de Salut

____

(1 Arch. départ., L. *District d'Issoire*, 65.

public avait mis entre ses mains, Monnet ne pouvait vaincre la résistance de tout un pays. Méconnaissant la force des lois économiques, il s'acharnait néanmoins à maintenir le *maximum* et la répétition de ses arrêtés et de ses menaces donnait la mesure de son impuissance.

Le 29 pluviôse an II *(17 février 1794)*, il donne l'ordre aux nouveaux délégués, par lui désignés, de marquer tous les bateaux en construction ; il devra être informé, tous les 4 jours, de l'état de chargement des bateaux, dont aucun ne devra quitter le port s'il n'est muni d'une lettre de voiture pour Paris ; interdiction de construire des *futureaux* et des *toues*, au delà de la stricte nécessité.

Le 4 ventôse *(23 février)*, nouvel arrêté contre les mineurs, charpentiers et mariniers, qui s'obstinent, malgré les défenses réitérées et au mépris de la loi, de fêter le *dimanche*. Ils doivent travailler ce jour-là, sous peine d'être déclarés « infâmes et traîtres à la patrie ».

Cependant, la municipalité de Jumeaux lui ayant fait comprendre que le prix élevé des salaires et aussi des bois que l'on n'a pu soumettre à la taxe, le renchérissement des vivres, ne permettaient pas aux constructeurs de travailler au tarif du *maximum*, alors surtout que les offres d'achat sont très supérieures à ce prix, il consent à augmenter le maximum (17 ventôse) [1]. Ces prix ne sont pas encore satisfaisants, car patrons et ouvriers, en complet accord, se mettent ouvertement en grève ; les bateaux en chantier sont librement vendus, malgré les marques et les agents de Monnet, bousculés, ne peuvent empêcher leur départ. Le 19 ventôse (10 mars 1794), Monnet arrive à Jumeaux, à la tête d'une troupe de gendarmes et de gardes nationaux d'Issoire, fait arrêter quelques récalcitrants, impose des amendes et prescrit à la force armée de séjourner jusqu'à paiement de ces amendes

---

(1) *Surnagés* de 60 pieds : 700 livres, dont 60 pour la façon.
   Bâtards de 60 — 650 — — 55 — —
   Bateaux de 55 - 550 — — 50 — —

et de celles précédemment prononcées, dont la municipalité ne poursuivait le recouvrement qu'avec mollesse. Il y promulgue un nouvel arrêté, où dénonçant « l'avidité » des accapareurs de bateaux, il renouvelle ses prescriptions et ses menaces.

Une plus longue résistance devenait impossible : la municipalité se procura, sans tarder, les sommes nécessaires pour libérer la localité des garnisaires, contrainte renouvelée des procédés de l'ancien régime, paya une indemnité aux gardes nationaux, qui quittèrent Jumeaux le soir même, aux gendarmes, qui partirent le lendemain matin et enfin versa le reliquat, soit 1.600 livres, entre les mains de Monnet. Celui-ci décida aussitôt que cette somme serait affectée à la création, à *Chappes*, près Brioude, d'un port de construction de bateaux, devant concurrencer celui de Jumeaux et dont le district de Brioude avait sollicité l'établissement. On ne pouvait faire, aux habitants de Jumeaux plus pénible injure, en les obligeant à contribuer à leur propre ruine ; aussi leur fureur ne connut plus de bornes et la lutte s'engagea. La force armée n'eut pas plus tôt quitté Jumeaux, que sa municipalité adressait au District une plainte véhémente, accusant le Délégué du Comité de Salut public d'avoir extorqué, par la violence, aux six gros constructeurs de bateaux de la localité, une somme totale de 2.600 livres, sans qu'aucun écrit ou procès-verbal n'ait constaté les contraventions qui avaient pu motiver ces amendes. A cette plainte, que l'agent national du District lui communiqua, Monnet répondit évasivement (1), mais il s'effraya bientôt

(1) « 22 ventôse an II (*13 mars 1791*). Ah ! (les habitants de Jumeaux)
» pourraient-ils se plaindre de moi sans la plus insigne injustice !
» L'amende en question est bien modeste et je t'assure que je voudrais
» de tout mon cœur n'avoir jamais été dans le cas d'user de rigueur
» envers aucun des personnages de Gimeaux. Tu me demandes de te
» faire passer les pièces relatives à l'imposition de cette amende : mais
» il n'y en a pas d'autre que l'ordre donné pour réprimer l'audace et la
» révolte des marchands charpentiers, qu'a dû te donner l'un des gen-

d'accusations plus graves qui commençaient à prendre corps ; aussi chercha-t-il, par son nouvel arrêté du 17 germinal (6 avril), à calmer les colères soulevées par ses procédés tyranniques. Tout en se plaignant du mauvais vouloir qu'ont toujours montré les constructeurs de bateaux de Jumeaux, il reconnait les difficultés de leur tâche, aussi « voulant les traiter aussi favorablement que possible, » pour exciter leur zèle et *voulant en même temps ôter* » *tout prétexte à la méchanceté et à la malveillance de* » *nous calomnier*, comme voulant aussi détruire le » monopole odieux de certains prétendus marchands de » charbon pour Paris, trafiquant de leurs bateaux le » long de la rivière, en se défaisant de leur charbon » d'une manière ou autre et forçant tous les autres » marchands, qui ne peuvent conduire leur marchandise » à Paris, à leur acheter les bateaux, au prix qu'ils » veulent ». Il permet aux charpentiers de vendre leurs bateaux à qui bon leur semblera, au prix du *maximum* provisoire, ou à celui qui sera fixé par la Convention, à la condition que chacun d'eux livre aux marchands de charbon pour Paris, un bateau par décade, ou un bateau sur trois.

Ces dispositions conciliantes n'empêchèrent pas la municipalité d'adresser au District une nouvelle plainte, reprochant à Monnet des faits plus graves de prévarication. Une société de spéculateurs, dont *Achon*, son neveu, faisait partie, s'était formée à Brassac ; ses membres, munis des bons de réquisition que leur délivrait Monnet, s'emparaient des bateaux qu'ils payaient aux prix du *maximum* et, sans même simuler un chargement de charbon, les vendaient à d'autres marchands, à gros bénéfice, ou les chargeaient de vins et autres denrées, pour leur propre compte, aux ports de Coudes, les

» darmes ou l'officier qui était à la tête des gardes nationaux. Après
» qu'on a eu prélevé ce que j'avais ordonné de donner à chacun, il ne
» reste plus que 1.600 livres. »

Martres, Pont-du-Château. Ces profiteurs réalisaient ainsi de gros bénéfices et l'on évaluait à plus de 60.000 livres ceux que Achon seul aurait encaissés pendant la dictature de son oncle. De plus, Monnet, qui levait arbitrairement des amendes, les faisait verser sans titre à l'agent municipal de Brassac, se réservant, sur ces sommes qui se montèrent à 7 ou 8.000 livres, une commission de 5 °/₀. Le District était mal disposé pour Monnet, dont il connaissait les abus d'autorité ; il était surtout profondément vexé de ce que celui-ci, semblant l'ignorer, négligeait de lui communiquer ses décisions. Il le manda à sa barre pour répondre sur ces nouvelles accusations, mais Monnet, par sa lettre du 1ᵉʳ floréal an II (20 avril 1794), sans daigner se disculper, se répand en injures contre les habitants de Jumeaux et réclame l'envoi de la force armée pour les mater (1).

Escorté de nouveau d'un détachement de la garde

(1) « Vous verrez, citoyen agent national, par l'arrêté communiqué » (celui du 17 germinal), que j'ai fait tout ce que j'ai pu pour concilier » le bien public avec l'intérêt sordide et le plus tenace qu'il y ait jamais » eu, et cependant vous verrez que je n'ai pas réussi. Les gens de » Gimeaux ont résisté tout net de me livrer les bateaux tant promis et » par conséquent ils se sont mis dans le cas d'être cont-nus par la force » armée. Nous n'avons pas de temps à perdre, car la commission des » subsistances me marque, ainsi que celle des armes, qu'on est toujours » dans la plus grande pénurie de charbon à Paris, et cela dans le temps » où il est le plus importa t qu'il y en ait dans le commencement d'une » campagne terrible... Il s'agit donc de prendre des mesures rigoureuses » et cela sur-le-champ et c'est à vous que je m'adresse pour que vous » m'aidiez de tout votre pouvoir... Il ne faut pas hésiter à m'envoyer de » quoi former un piquet de 5 hommes au moins, avec l'officier qui est » déjà venu ici, à la tête des gardes nationaux, qui me parait fort intelli- » gent... Mon intention est de placer un piquet bien armé à *la Roche* » et de l'y faire barraquer, de manière qu'aucun bateau, la nuit comme le » jour, ne puisse passer qu'il ne soit chargé de charbon, à la teneur » convenable. Mais je ne prétends pas que cette dépense soit faite aux » dépens de la République ; puisque les gens de Gimeaux m'obligent à » prendre cette mesure, ce sont eux qui doivent la payer. Ils ne le trou- » veront pas extraordinaire. quand ils feront attention qu'ils ont eu » l'audace de me refuser les bateaux que j'ai fait marquer par la Nation » et qu'ils ont eu l'audace encore de les vendre, pour ainsi dire sous » mon nez, jusqu'à 1.900 livres. Je les condamnerai, et il n'est pas trop » de payer 150 livres d'amende chacun. Il y a plus. c'est qu'il n'est plus » sûr (pour lui et ses agents. d'aller sur les chantiers de Gimeaux ; il » me faudrait de plus deux gendarmes qui connaissent les gens dont il » s'agit et qui feront bien faire payer les amendes. » (Arch. départ. L. *District d'Issoire*, nᵒ 65.)

nationale d'Issoire ; il arrive à Jumeaux le surlendemain
et ne tarde pas à y faire sentir le poids de sa dictature.
La consigne qu'il donne en arrivant, à la force armée,
se termine par ces mots : « On croirait faire injure aux
» gardes nationaux de les soupçonner d'infidélité et d'être
» susceptibles de se laisser corrompre, sous prétexte de
» trop de rigidité de notre part; mais on leur promet le
» tiers des amendes auxquelles leur vigilance donnera
» lieu, lequel tiers ils partageront entre eux. » Il ordonne
aussitôt à son commandant de percevoir quinze amendes
de 150 livres chacune, précédemment infligées à des
fabricants convaincus d'avoir vendu des bateaux réquisitionnés et marqués par lui (1). Le dimanche suivant, il
fait de même recouvrer 25 livres d'amendes imposées
aux cabaretiers coupables d'avoir donné à boire, ce jour-
là, au mépris des décrets de la Convention.

Il s'efforce vainement de débaucher des ouvriers charpentiers et de les associer pour l'exploitation de nouveaux
chantiers dont il conserverait la direction. Ses amis
de Brassac qui l'entourent, sous la protection de la
force armée, narguent les habitants de Jumeaux et l'un
d'eux vient sur la place publique, où ils étaient rassemblés
pour entendre la lecture des lois et décrets, les traiter de
« malhonnêtes, coquins et canailles ».

Deux gardes surveillent jour et nuit les chantiers de
construction; un poste est installé au port de La Roche,
avec ordre de ne laisser passer aucun bateau vide,
d'exiger qu'ils soient tous chargés à 8 voies et de ne
laisser quitter le port qu'aux équipes complètes de
8 bateaux au moins, munies d'une lettre de voiture visée
par le commissaire.

Les arrêtés de Monnet se succèdent, où les constructeurs de bateaux sont déclarés « infâmes et traîtres »;

---

(1) Arch. départ., L., *District d'Issoire*, 65.

les amendes contre eux sont augmentées et une prime est
offerte aux dénonciateurs (15 et 19 prairial).

Mais l'oppression fut de courte durée, car la dictature
de Monnet touchait à sa fin.

L'administration du District, en effet, sur la nouvelle
dénonciation de la municipalité de Jumeaux, avait
délégué un de ses membres, le citoyen Meyrand, pour
aller enquêter sur les lieux, avec recommandation d'inter
roger, à Jumeaux, tous les charpentiers, Julien Seguy, le
maire, Jean Aubergier, l'ancien maire, le secrétaire de
la municipalité et de se défier « de tous les gens de
» Brassac, qui n'ont cessé d'entourer Monnet ». L'enquête,
nettement défavorable à Monnet, fut communiqué au
Département, qui la transmit à son tour au Comité de
Salut public, lequel rappela son agent. « Mes ennemis,
» rapporte Monnet (1), écrivirent contre moi à Paris
» et firent tant qu'ils intéressèrent le Conseil des mines
» dans leur cause. Mais, malgré la mauvaise disposition
» de ce corps contre moi, je parvins, quoique de loin, à
» faire voir que ce que j'avais fait était pour le bien public,
» que j'avais agi d'après les pouvoirs qui m'avaient été
» délégués et n'avais pas eu besoin, pour agir, de l'auto-
» risation du Représentant du peuple. Mais bientôt,
» l'intrigue contre moi ayant pris une tournure nouvelle,
» j'y succombai. De tout ceci, il faut conclure que j'ai dû
» quitter le pays sans regrets. » C'est le 10 messidor
an II (29 juin 1794), qu'il partit de Brassac, non sans
récriminer et se plaindre « des iniquités par lesquelles on
» a voulu le noircir, des intrigues qui lui ont aliéné le
» Directoire du Département »; il défend même ses amis
et vante « la droiture et la rigidité des principes des
» soumissionnaires de Paris » (2).

<hr>

(1) *Voyage dans la Haute-Loire et le Puy-de-Dôme*, publié par Mos-
NIER-MARCHESSOU. Le Puy, 1875.

(2) Arch. départ., L. *District d'Issoire*, nº 66. — Monnet, pour sa
défense, avait établi un relevé des bateaux construits sur les chantiers

Voici la liste des ateliers de Jumeaux et leur production pendant cette période :

Jean Sabatier aîné	45	bateaux.
François Sabatier fils	43	—
Pierre Lassaigne	42	—
Pierre Seguy, le *filla*	41	—
Jean Aubergier	40	—
Pierre Bardy-Bègue	38	—
Sabattier-Renier	35	—
Guillaume Aubergier	35	—
Laurent Mathieu	34	—
François Lassaigne	34	—
Noël Sabattier	30	—
Pierre Raynaud	30	—
Jean et Pierre Lassaigne	28	—
Florent Lagarde	28	—
Antoine Sabattier	27	—
Pierre Pruneyral	27	—
Jean Pruneyre	27	—
Philippe Pruneyre	26	—
André Raynard	26	—
Julien Chambe	26	—
Philippe Raynard	26	—
Germain Sabattier	24	—
François Aubergier	24	—
Louis Bardy	24	—
Antoine Bernard	24	—
Jean Terrasse	24	—
Amable Sabattier	22	—
Annet Aubergier	20	—
Pierre Mathieu	20	—
Robert Rapary	19	—
Gilbert Sabattier	18	—
Jean Sabattier jeune	18	—

de Jumeaux pendant son séjour (21 janvier-29 juin 1794). A son arrivée, 92 étaient chargés de charbon et en départ pour Paris. 1.186 furent livrés depuis, dont 170 seulement s'arrêtèrent à Parentignat, les Martres, Orcet, Vic-sur-Allier, Pont-du-Château, Maringues, Moulins.

Flory frères	18	bateaux.
Joseph Massis	18	—
François Bernard	18	—
Sadourny et Jouannet	18	—
Philippe Raby	16	—
Jean Seguy-Gazenne	15	—
Jean Redont	15	—
Pierre Chambe	15	—
Jean Mathieu	15	—
Jean Seguy-Baissat	11	
Gimel-Rome	13	—
Jean Sauzet	12	—
Julien Feneyrol	12	
Etienne Sabattier	10	—
Antoine Chabrillat	9	—
Jacques Rapary	9	—
Jean Raynard	8	—
Antoine Rome	6	—
Antoine Chambe	6	—
Saturnin Daumas	6	—
Michel Daumas	6	—
François Dupuy	2	—

Les complaisances coupables de Monnet ne furent pas,
comme l'en accusaient les administrateurs du District, les
seules causes de l'échec de sa mission. Son successeur,
Larcher, dont la probité fut cependant attestée publiquement par la municipalité de Jumeaux, n'obtint pas de
meilleurs résultats (1).

(1) « La municipalité atteste sa probité à toute épreuve, la légalité absolue
» de tous ses actes et son patriotisme, pendant son séjour à Gimeaux,
» qui fut de plus de deux ans. » (*Arch. municipales.*) Larcher, d'abord
adjoint de Monnet, plus spécialement chargé de la réquisition des charbons, résidait à Auzat. Lorsqu'il fut désigné pour le remplacer, le
Comité de Salut public lui assigna la résidence de Jumeaux, avec le
titre d'*Inspecteur de la navigation de l'Allier*, et les attributions sui-

Indépendamment des difficultés matérielles, inhérentes
à la nature des choses, l'accomplissement de leur tâche
était entravé par l'incohérence administrative de l'époque.
Le Comité de Salut public les avait investis des pouvoirs
les plus étendus, mais ils n'étaient pas les seuls à béné-
ficier de semblables privilèges et aucun des nombreux
délégués des agences du Comité n'admettait de partage
d'autorité. Ainsi le 29 ventôse an II (19 mars 1794), le
Directeur des Messageries de Clermont, Roudelle,
« investi d'un pouvoir de l'Administration des Postes
» et Messageries de la République, en vertu de l'ordre
» du Comité de Salut public et de la lettre de la Commis-
» sion des subsistances de la Convention », se présenta à
la municipalité de Jumeaux, intimant l'ordre de lui procurer aussitôt les bateaux nécessaires au transport de
500 voies de charbon. La municipalité prit un arrêté,
ordonnant à chaque atelier de fournir un bateau au prix
du *maximum*, « sous peine d'être regardé comme sus-
» pect ». Les patrons charpentiers ne pouvaient directement éluder la réquisition, sous peine d'amendes; mais
comme ils n'avaient cessé d'être en complète solidarité
avec leurs ouvriers, ceux-ci cessèrent tout travail et abandonnèrent les chantiers, sous le prétexte d'aller travailler
leurs vignes. « ou faire semblant de les travailler », écrit
Roudille, en rendant compte de l'insuccès de sa réquisi-

vantes énumérées dans sa commission : « Son inspection s'étendra sur
» tout le cours de la rivière d'Allier, depuis sa source jusqu'à La Ferté
» et sur tout le pays où s'exploitent les bois et où sont situés les ate-
» liers de construction qui fournissent cette partie de la navigation. Tes
» fonctions en tout ce qu'elles ont pour objet d'activer la navigation,
» consistent à suivre l'effet de toutes les mesures tendant à assurer
» l'exploitation et le transport des bois de construction et à revivifier
» les ateliers, à prendre connaissance et à instruire l'Agence de toutes
» les réparations, améliorations et ouvrages d'entretien à faire....., à
» donner avis à l'Agence des entraves que pourrait éprouver la naviga-
» tion, par le défaut de subsistance pour les mariniers et de matières
» servant aux agrès et apparaux de toues et bateaux ; et dans ce cas, tu
» devras faire connaître par évaluation, les besoins et les lieux les plus
» voisins d'où il sera possible de tirer les moyens d'y satisfaire. » (Arch.
départ., L., *District d'Issoire*, 1870.)

tion. Pour rendre inopérant le prétexte, Roudille, dans l'espoir que les habitants d'Auzat seraient moins rebelles, enjoignit à ceux-ci d'aider les charpentiers de Jumeaux dans le travail de leurs vignes, suivant des prix arrêtés de concert par les municipalités des deux communes et défendit à ces derniers l'abandon des chantiers. Malgré tout, le 11 germinal suivant (2 avril 1794), les bateaux réclamés n'avaient point encore été livrés. Nouvel arrêté de Roudille, qui suspend toute vente de bateaux jusqu'au chargement complet des 500 voies par lui requises. Le 23 germinal, il n'a pas encore un seul bateau. Il se plaint du refus vraiment opiniâtre et criminel des fabricants à la municipalité de Jumeaux, qui aussitôt envoie deux de ses membres sur les chantiers, réquisitionner les bateaux en construction. Ici, on promet de leur en livrer quelques-uns; dans d'autres chantiers, on répond par un refus formel. La municipalité se borne à transmettre promesses et refus.

Il n'est pas douteux que les récalcitrants, forts de leur droit économique, aient pu, de bonne foi, se considérer comme les victimes des agissements de ces profiteurs qu'aux époques difficiles on voit s'agiter autour des gouvernements. Non seulement l'Administration communale (dont plusieurs faisaient partie), mais encore celles du District et du Département, voyaient peut-être comme eux. Ces autorités supportaient d'ailleurs avec peine l'ingérence d'étrangers dans leurs affaires et les abus d'autorité que ne pouvaient manquer de commettre ces délégués. Elles étaient enfin dans leur rôle en prenant le parti de leurs administrés et ne faisaient rien pour éviter des conflits. Que penser de la demande du District, réclamant l'envoi à Issoire, par bateau, de 30 voies de charbon, pour les fours à chaux? Monnet y répondit, avec colère, que ce charbon pouvait, en raison du peu de distance de La Combelle, être transporté à Issoire par voie de terre. C'est ainsi qu'il se voiture à Besse et à Champeix. D'ailleurs, il y a à Coudes, tout près d'Issoire, 80 voies de charbon qu'on y a déchargé en fraude et que le District peut réquisitionner. Il termine en se plaignant des iniquités dont on a voulu le noircir (7 messidor an II) [1]. Tandis que le Comité de Salut public pressait l'envoi des charbons à Paris (2), il s'efforçait, par un autre arrêté du même jour, de vaincre les obstacles qui s'opposaient à la mission de ses agents de Brassac et d'Auzat (3).

Ceux-ci, d'ailleurs, sont impuissants à vaincre la coalition d'intérêts qui se dresse devant eux et si, au début

(1) Arch. départ., L., *District d'Issoire*, 66.

(2) Arrêté du 27 germinal an II : « Considérant qu'il est urgent de » hâter les arrivages de charbon de terre à Paris avant la fermeture » du canal de Briare, afin que les ateliers d'armes soient suffisamment » approvisionnés; que les basses eaux et la cherté des bateaux sont les » principaux obstacles à l'abondance de ce combustible; qu'il est juste de » donner un encouragement aux mariniers qui amèneront du charbon » de terre à Paris à toute charge de leurs bateaux, pour en faciliter » l'achat et les indemniser des frais de navigation, arrête ce qui suit :

» I. Les agents des mines sont autorisés à accorder des indemnités » aux mariniers qui transporteront du charbon de terre à Paris, à une » charge au-dessus de l'ordinaire.

» II. Le maximum des indemnités sera : pour un chargement de 10 à » 11 voies, de 15 livres ; pour celui de 9 voies, de 20 livres; pour celui de » 8 voies, de 25 livres ; pour celui de 7 voies, de 30 livres, et enfin pour » celui de 6 voies, de 35 livres.

» III. Les agents régleront les indemnités d'après la charge des » bateaux et les circonstances locales et feront mention de la teneur et » de l'indemnité sur les lettres de voiture.

» IV. Ils prendront toutes les précautions nécessaires pour que les » mariniers ne chargent pas moins que la rivière ne peut porter. »
(*Recueil des actes du Comité de Salut public*, publié par AULARD. — À sa date).

(3) « Ouï le rapport de la Commission des approvisionnements; vu la » difficulté de se procurer des bras pour la confection des bateaux et le » monopole qu'exercent sur ces objets des hommes qui se disent mar- » chands de houille, font des chargements de charbon, déposent en » route ces matières et trafiquent ensuite de leurs bateaux avec les » marchands de vin qui leur en donnent un prix exhorbitant. Arrête : » Les municipalités riveraines des fleuves et canaux demeurent respon- » sables des retards apportés dans les arrivages des bateaux de charbon; » fait défense à tous marchands et constructeurs de bateaux de charger » pour vendre en cours de route et charger ensuite de vin et d'autres » matières. Les contrevenants encourront les peines portées par l'ar- » ticle 4 de la cinquième section du décret du 14 frimaire. Signé : » R. LINDET, CARNOT, SAINT-JUST, PRIEUR, BARRÈRE, COLLOT D'HER- » BOIS. » (Arch. départ., L., *District d'Issoire*, n° 65.)

de germinal an II, alors qu'il était comme sous-ordre
de Monnet, spécialement chargé des charbons Larcher
réussit, avec l'aide de la municipalité d'Auzat, à faire
reprendre le travail aux mineurs de cette localité qui
s'étaient mis en grève, il constate avec amertume que
les charpentiers de Jumeaux sont réfractaires à tout
effort conciliant de sa part. Jamais, dit-il, les chantiers n'ont été aussi peu animés et si cela continue, on
ne se doutera bientôt plus qu'il y avait à Jumeaux un
seul chantier de marine. « Cette conduite est d'autant
» plus répréhensible que nous touchons au moment où
» nos frères, nos défenseurs qui sont aux armées, sont
» journellement aux prises contre les despotes coalisés
» contre notre chère liberté. Cette conduite ne peut être
» traitée que de *contre-révolutionnaire*. »

Dès les premiers jours de son exercice personnel, Larcher dut avouer son impuissance et réclama lui aussi
l'envoi de la force armée, « seule capable de faire res-
» pecter ses arrêtés » : La municipalité de Jumeaux ne
se donnait même plus la peine de les faire publier, car
son tambour ne pouvait en achever la lecture, sous les
huées de la population. Il signale, dans sa lettre du
21 prairial an II *(10 juin 1794)*, la conduite inqualifiable
de Noël Sabattier, constructeur, qui vend 15 et 1.600 livres
des bateaux *maximés* à 5 et 700 livres. Ce « coquin » n'a-
t-il pas, à *Congeac*, en plein marché, tenu ce propos aux
marchands de bois : « Vendez, vendez votre bois assez
» cher, car nous gagnons assez; il faut que tout le monde
» gagne à proportion »; à Jumeaux, il aurait tenté de
désorganiser les chantiers en offrant aux charpentiers
des salaires d'un tiers supérieur pour les attirer chez lui.
Il demande l'envoi de deux gendarmes pour faire arrêter
Sabattier et « le mettre dans une cage solide et ce sera
» peut-être par là seul que nous l'aurons ».

Les administrateurs du District, moins émus que Larcher, renvoyèrent sa plainte à leur *Comité de surveillance*

qui lui fit demander des précisions et des témoignages à
l'appui de ses dires. Larcher s'en irrite et, le 29 prairial
(18 juin), réprouve ces atermoiements qui ruinent son
autorité et encouragent l'audace des malveillants qu'il
traite d'*aristocrates*. N'a-t-il pas un pouvoir du Comité
de Salut public qui ordonne à tous les corps adminis-
tratifs de lui prêter main-forte et assistance? « Je ne dois
» compte de mes opérations qu'au Comité de Salut
» public... et aux représentants du peuple, quand on
» est assez heureux d'en avoir dans le département, car
» souvent ceux où il y en a, sont livrés à la cabale et à la
» malveillance. » Il cherche enfin à intimider l'agent
national du District en lui communiquant une lettre qu'il
vient de recevoir de *Couthon*, en même temps que l'arrêté
du Comité de Salut public qui a défini ses pouvoirs. Vaine
tentative, car celui-ci propose une enquête qui, ô ironie,
est confiée au *Comité de surveillance* de la commune de
Jumeaux, présidé par le Maire et composé de tout le
corps municipal.

Comme il était permis de le prévoir, cette enquête,
effectuée le 11 messidor *(30 juin 1794)*, disculpa entièrement Sabattier. Certes, il a tenu des propos violents,
mais sans caractère subversif, car ils étaient motivés par
une tentative de coalition de charpentiers qui avaient
fondé à Vezezoux un atelier de construction et s'étaient
vantés d'imposer des prix inférieurs aux marchands de
bois. C'est en parlant de cette société que Sabatrier aurait
dit à ces derniers : « Il y a quelques *bougres* qui vou-
draient faire *tout* le commerce ; vendez bien votre
bois (1). »

Cependant, le Comité de Salut public, voyant que les
charbons n'arrivent pas à Paris, presse son agent d'obtenir, par tous les moyens possibles, les envois dont la
Commission des poudres et salpêtres a le plus urgent

____

(1) Arch. départ., L., *District d'Issoire*, 65.

besoin. D'où nouvel arrêté de Larcher (7 messidor-
26 juin 1794), qui s'efforce de stimuler le travail, au
moment même où il va complètement cesser dans les
chantiers. En effet, c'est l'époque de la moisson et il est
d'usage que toute la population s'y consacre, d'autant que
la première réquisition a envoyé aux armées une partie de
la jeunesse. Le 20 messidor, Larcher consent donc un
congé de quinze jours aux charpentiers et fixe ainsi le
prix de la journée du moissonneur : 3 livres par jour et
trois quartes de petit vin, sans nourriture ; 6 livres pour
un bouvier et ses bêtes, sans nourriture également. Un
mois se passe et les ouvriers n'ont pas réintégré l'atelier :
encore un arrêté, où Larcher signale une fois de plus la
rapacité des entrepreneurs de bateaux : « Ils ne veulent
» rien connaître, dit-il, de ce qui est contraire à leurs
» intérêts. » Ils ne sont pas seuls à penser ainsi, car ils
préviennent le commissaire qu'ils ne peuvent plus se procurer de bois. Les montagnards refusent, en effet, de se
soumettre au *maximum* et viennent de se soulever. Le
District d'Issoire presse la municipalité de Jumeaux de
mettre à sa disposition vingt gardes nationaux pour arrêter
cette tentative de révolte (9 thermidor-28 juillet 1794).
Au même moment, la moisson terminée, les charpentiers
se décidaient peu après à réintégrer leurs ateliers ; mais
ils refusent alors d'accepter le salaire journalier que Larcher a essayé de leur imposer. Celui-ci doit céder encore
et rétablit l'usage du forfait pour la construction des
bateaux, aux tarifs fixés par Monnet (20 thermidor).

Pas plus que les précédents, cet arrêté ne ranime les
chantiers, car alors patrons et ouvriers protestent ensemble
contre les taux insuffisants du *maximum*. La municipalité,
que l'on accuse de pactiser avec les réfractaires, veut
prouver le contraire et elle envoie son *agent municipal*
sur les chantiers pour y stimuler le travail (7 fructidor-
25 août 1794). Celui-ci rencontre les quatre frères
Sabattier qui se promènent, inactifs, sur leurs ateliers

déserts, alléguant le manque d'ouvriers; comme l'agent leur faisait observer qu'ils pouvaient à eux seuls constituer une équipe et travailler, il reçoit cette réponse de l'aîné : « Si tout le monde était de mon avis, personne ne » fabriquerait. » Procès-verbal, transmis au District, est dressé contre ce propos contre-révolutionnaire; mais en l'adressant, la municipalité sollicitait l'indulgence en faveur de Sabattier qui était venu lui faire des excuses, avec la promesse de se remettre au travail. A leur tour, les administrateurs du District pardonnèrent et l'affaire fut classée.

Cependant, Larcher, n'obtenant de la rigueur que de médiocres résultats, s'avisa d'une autre méthode qui devait être plus avantageuse à tous. La marine nationale réclamait d'urgence des bois pour la construction, à l'arsenal de Rochefort, de vingt vaisseaux de ligne : un délégué vint acheter ces bois dans la région de La Chaise-Dieu et de Saint-Germain-l'Herm et s'aboucha avec Larcher pour en faire effectuer d'urgence le transport à Vichy, où un dépôt était constitué. Quarante bateaux de soixante pieds de long étaient nécessaires. Larcher réunit les maîtres charpentiers et leur fit la proposition suivante : qu'ils consentent à faire la fourniture demandée sous le plus bref délai, au prix forfaitaire de 890 livres par bateau, conduit à Vichy; de son côté il accordera, pour chaque unité livrée, quatre bateaux à vendre librement, dont trois pour fourniture de charbon au département et un pour conduire à Paris du vin ou toute autre marchandise. La proposition est acceptée d'enthousiasme et les charpentiers s'engagent à fournir les bateaux dans la quinzaine ou au plus tard le 28 fructidor *(15 septembre 1794)*. Dès lors, la plus grande activité règne dans tous les chantiers, personne n'est oisif et jamais il n'y eut à Jumeaux autant de bateaux en construction. Malheureusement les constructeurs commençaient à appréhender de se voir arrêtés par le manque de bois, que les montagnards ne veulent pas fournir aux prix *maximés*. Larcher comprit que là aussi il devait tenir compte des lois économiques. Après une tournée dans les pays producteurs, il fixa ainsi le prix des bois devant entrer dans la construction de chaque catégorie de bateaux (1) :

	PRIX de 1790	PRIX ACTUEL
1. Bateaux communs de 55 pieds à 19 courbes	250 livres.	333 l. 6 s. 8 d.
2. — bâtards de 60 pieds, à 19 courbes	275 —	366 13 4
3. — de qualité de 60 pieds, à 20 courbes	320 —	426 13 4
4. — de qualité de 66 pieds, à 22 courbes	390 —	520
5. — de qualité de 72 pieds, à 24 courbes	490 —	653 6 8
6. Bachots ou futureaux de 27 pieds	22 —	29 6 8
7. Bateaux vulgairement appelés *alèzes*	25 —	33 6 8

Enfin, il est à Jumeaux une catégorie spéciale de *charpentiers-mariniers*, que l'on ne peut taxer aux pièces, attendu qu'ils sont appelés à quitter le chantier brusquement pour embarquer; leur journée est taxée à 3 livres, nourriture non comprise, jusqu'au 1ᵉʳ pluviôse, puis de pluviôse à messidor, à 4 livres.

A Brassac, les difficultés étaient les mêmes, mais « *le peuple* » y était traité par ses gouvernants avec plus de dureté et même un certain mépris. Comme à Jumeaux, les charpentiers à bateaux avaient refusé de se soumettre au *maximum*; la municipalité les signala aussitôt au *District*, avec prière de les gratifier de quelques jours de prison et d'envoyer les gendarmes pour les faire arrêter : quelques mois auparavant, pareille mesure avait « assuré » la docilité du *peuple*; l'expérience nous fait voir qu'il » lui faut donner de temps en temps quelque exemple de » sévérité pour le retenir des mauvaises voies dans » lesquelles il s'égare ». Le Procureur du District répondit

<hr>

1) Archives départ., Série L., *District d'Issoire*, 65.

que la loi du 29 septembre 1793 avait donné aux municipalités tous pouvoirs de mettre en réquisition et de punir
de prison les désobéissances ; elle pouvait donc sévir elle-
même. Ce qu'elle ne manqua pas de faire, car par jugement du 3 vendémiaire an III *(25 septembre 1794)*, elle
condamna neuf charpentiers à trois jours de prison
chacun. L'un d'eux, qui avait « jeté au vent la feuille de
réquisition », eut cinq jours de plus (1).

Cependant, le départ de Monnet n'avait pas fait cesser
les agissements criminels de la bande des profiteurs et la
lettre qui suit, adressée le 3 vendémiaire, par la municipalité de Jumeaux à l'*Agent national* du District d'Issoire,
prouve que les charpentiers n'avaient pas toujours tort de
se plaindre et de résister : « Tout est consternation dans
» notre commune, de voir que les constructeurs de
» bateaux sont obligés de donner leurs bateaux au prix
» fixé par la loi, à des marchands se disant soumission-
» naires envers la Commission des armes et approvision-
» nements de la République, qui font charger ces bateaux
» à trois et quatre voies, malgré l'arrêté du commissaire,
» fixant la charge à huit voies, au moins. Si on laisse
» continuer ce brigandage, il n'est pas possible de conduire
» la moitié du charbon nécessaire à Paris, d'autant que
» le prix des bateaux a augmenté par la rareté du bois
» conduit en ce moment par les montagnards. » La lettre
signale, en même temps, le départ de bateaux chargés en
fraude par des marchands qui les avaient réquisitionnés au
prix du *maximum*, en vertu d'un laisser-passer de Larcher. Deux gendarmes, envoyés aussitôt d'Issoire, saisirent
en effet à Coudes, le 5 vendémiaire, cinq bateaux chargés
de quatre voies de charbon chacun, à destination de
Pont-sur-Allier et *Ris* (2).

Larcher profita du passage du représentant du peuple

<hr>

1 Archives départ., L., *District d'Issoire*, 65.
(2) Archives départ., L., *District d'Issoire*, 65.

Musset, en mission dans le Puy-de-Dôme, pour obtenir de lui un arrêté qui fortifiait ses pouvoirs et prescrivait des mesures propres à empêcher à l'avenir les fraudes de tous genres qui nuisaient à l'exercice de sa mission (1).

(1 « I. Le Commissaire du Comité de Salut public, qui est actuelle-
» ment dans le District d'Issoire, pour y surveiller l'envoi des charbons
» de terre à Paris, sera tenu de résider dans le lieu de *Gimeaux*,
» comme l'endroit le plus convenable pour remplir sa commission et
» faire exécuter la loi.

» II. Il ne pourra être fabriqué des bateaux, sans que la déclaration
» en soit faite par les marchands-fabricants, au Commissaire du Comité
» de Salut public, ni il ne pourra en être vendu qu'aux personnes qui
» seront porteuses d'un bon du même commissaire. Le montant du
» *maximum*, ou au-dessous, sera payé au Trésorier que la municipalité
» de *Gimeaux* sera tenue de nommer et des mains duquel Trésorier les
» vendeurs de bateaux seront payés, en lui remettant le bon, en vertu
» duquel ils auront livré leurs bateaux.

» III. Le Commissaire du Comité de Salut public portera ses soins
» pour que les fabricants, sous prétexte d'envoyer eux-mêmes des char-
» bons à Paris, ne retiennent pas des bateaux pendant qu'ils pourraient
» être donnés à d'autres citoyens, qui en auraient besoin pour les charger
» de suite. A cet effet, faute par les marchands de charger les bateaux
» dont ils seront propriétaires, le Commissaire du Comité de Salut
» public délivrera, à qui de droit, des bons sur les propriétaires, qui, dans
» ce cas, ne pourront refuser d'y satisfaire.

» IV. Nul ne pourra acheter des bois sur les chemins ; lorsqu'ils arri-
» veront, ils seront tous déposés sur la place de *Gimeaux*, pour y être
» vendus publiquement au *maximum* ou au-dessous, sous la surveil-
» lance de la municipalité, qui fera participer aux ventes tous les fabri-
» cants de bateaux, dans la proportion de leur fabrication ordinaire.

» V. En tout autre lieu que celui de *Gimeaux*, où il est fabriqué des
» bateaux et voiture des bois, les articles ci-dessus seront exécutés.

» VI. En cas de contravention au présent arrêté, les vendeurs et
» acquéreurs seront individuellement condamnés à une amende double
» de la valeur du *maximum* des bois et bateaux vendus. Les amendes
» seront prononcées par le Juge de paix et versées dans la caisse de
» l'Agence des droits d'Enregistrement, au bureau d'Issoire.

» VII. Le produit des amendes pourra être retiré sur les mandats de
» l'Administration du District d'Issoire, qui n'en pourra délivrer qu'en
» connaissance de cause, sur les demandes du Commissaire du Comité
» de Salut public pour payer les frais des gardes, qui sont par lui
» employés, afin d'empêcher les fraudes et soustractions des bateaux,
» sur la rivière.

» VIII. Les citoyens dépositaires des sommes provenant aussi
» d'amendes, notamment le citoyen Malbet, agent national de la com-
» mune de *Brassac*, seront tenus de verser, dans le jour, dans la caisse
» du Receveur des droits d'Enregistrement, au bureau d'Issoire, les
» sommes qu'ils ont en mains et de rendre compte à l'Administration
» du District d'Issoire, de leur comptabilité à cet égard.

» IX. L'Administration du District d'Issoire et l'Agent national sont
» chargés de l'exécution..... » (12 vendémiaire an III. 4 octobre 1794.)
Arch. départ., L., *District d'Issoire*, 65.

En vertu de cet arrêté, la municipalité prêtait au commissaire un concours efficace, c'est devant elle et ce dernier que devaient être faites les déclarations de bateaux construits et en chantier et c'est elle qui désigna l'ancien Maire, Jean Aubergier, « qui réunit toutes les qualités » d'un vrai républicain et zélé pour la chose publique », pour, en qualité de *Trésorier*, recevoir et délivrer les prix de la vente des bateaux.

L'exécution de cet arrêté ne devait pas rencontrer moins de difficultés que celle des nombreux autres, sur le même objet, qui l'avaient précédé. Ce ne sont plus, cette fois, les charpentiers qui se montrent réfractaires, car eux-mêmes sont arrêtés dans leur travail, par l'impossibilité de se procurer les bois, clous, mousse, gavert, etc..., en un mot de tous les objets indispensables à leur fabrication, que les fournisseurs refusaient de livrer aux prix fixés par le décret du *maximum*. Il était urgent cependant d'accélérer le transport de ces marchandises, car l'hiver approchant, les routes de la montagne vont devenir impraticables (1).

On remarquera que l'arrêté enjoint au citoyen Malbet de verser aux caisses de l'État les sommes s'élevant à plus de 7.000 livres, dont il doit compte et qu'il avait encaissées sous l'administration de Monnet. Larcher ne pouvait obtenir ce compte : « Depuis deux mois, écrit-il au District, je sollicite une expédition du compte du citoyen » Malbet, et je vous assure que je rougis d'avoir de » pareilles réclamations à faire. » (2).

Cependant, la taxation de tous les produits, loin d'em-

---

(1) Le chemin d'Auzat à Jumeaux et Vezezoux, sur lequel se faisaient la plupart des charrois de bois, était alors en piteux état. Les chars s'en détournaient, passant à travers vignes et champs ; c'est d'urgence, que la municipalité demande à l'Administration du District des fonds à employer, en *ateliers de charité*, à la réparation du chemin (30 frimaire an III-18 *décembre 1794*).

(2) Arch. départ., L., *District d'Issoire*, 65.

pêcher la spéculation, avait pour seul effet d'en amener la complète disparition sur les marchés. Les réquisitions forcées qui en furent la conséquence, ne réussirent pas mieux à améliorer la situation économique : « Partout, » écrit Larcher, le 12 frimaire an III, on ne rencontre que » commissaires recenseurs et plus on en voit, moins » l'abondance reparaît... Notre position est critique, » pour tout ce qui tend à alimenter les travaux des » mines... *La Combelle* est sur le point de cesser, faute » d'avoine et d'huile et *La Taupe* a cessé depuis quatorze » jours. » Il réussit enfin, grâce à la municipalité, à se procurer, à Jumeaux même, les 200 livres d'huile dont *La Combelle* avait besoin. Le *District* d'Issoire n'a plus de chandelle pour éclairer ses bureaux, et il envoie un délégué requérir le suif chez les bouchers de la région. Un autre vient, au nom du *Comité des Poudres*, s'emparer des marcs de vendange, les fait conduire à Orsonnette, où, dans l'église désaffectée, on les brûle pour en extraire le salpêtre. Un autre jour, c'est le *Comité des Subsistances* qui fait inventorier les réserves de grains chez les culti-vateurs. Celui des *guerres* fait rechercher, pour les rendre à l'armée, les jeunes gens, sujets à la réquisition, qui, pour s'y soustraire, se sont embauchés chez les char-pentiers à bateaux.

Après une expérience désastreuse de dix mois, la Convention s'aperçut enfin de l'inefficacité du *maximum* que Barrère avait qualifié, le 21 février 1793, de piège tendu à la Convention par les ennemis de la République. Reconnaissant cette vérité économique que le Directoire proclama plus tard (9 juin 1797) : « le commerce rendu à » lui-même est seul en état de rétablir l'équilibre des prix » dans les marchés », elle supprima toutes les taxations.

La mission de Larcher devenait inutile, car, dès le 4 nivôse an III *(21 décembre 1791.,* on annonçait à la Convention que l'approvisionnement de Paris était désor-mais assuré en toutes denrées.

Il fut relevé de ses fonctions en prairial an III *(mai-juin 1795)* [1]. Un de ses derniers actes fut le rappel, en vertu de l'arrêté de la *Commission des Transports,* aux chantiers de batellerie de Jumeaux, des militaires aux armées : François Sabattier, lieutenant à la 1re Compagnie du 2e bataillon du Puy-de-Dôme, qui se trouvait au blocus de Luxembourg; Pierre Sabattier, caporal à la 7e Compagnie du même bataillon, armée de la Moselle; Michel Bardy, volontaire à l'armée du Rhin; Antoine Jamet, volontaire à l'armée de Sambre-et-Meuse.

A. ACHARD.

---

(1) Larcher se trouvait encore à Jumeaux quatre mois plus tard, ainsi que l'atteste la municipalité, certifiant en outre qu'il était dans cette localité les 11, 12, 13 et 14 vendémiaire an IV, « lorsque cette abominable » conspiration d'égorger la Réprésentation nationale éclata ».